ANNE FRANK 2 :
LE RETOUR !

DU MÊME AUTEUR

FUCK, Grasset, 1991.

LAURENT CHALUMEAU

ANNE FRANK 2 : LE RETOUR !

roman

BERNARD GRASSET
PARIS

Dès lors qu'il serait scabreux de dédier ce livre aux quatre mille cinquante et un enfants du Vel' d'Hiv', vu la belle jambe que ça leur ferait cinquante ans après leurs « tribulations », adressons-le plutôt à Serge « pitbull » Klarsfeld, à qui ça ne rendra pas son père non plus, mais qui lui, au moins, pourra, si le cœur lui en dit, le lire. Dont acte :

à Serge Klarsfeld.

Cela posé, let's rock & roll !

« Toute ma vie, je me suis fait une certaine idée de la France... Le sentiment me l'inspire aussi bien que la raison. Ce qu'il y a, en moi, d'affectif imagine naturellement la France, telle la princesse des contes ou la madone aux fresques des murs, comme vouée à une destinée éminente et exceptionnelle. J'ai, d'instinct, l'impression que la Providence l'a créée pour des succès achevés ou des malheurs exemplaires. S'il advient que la médiocrité marque, pourtant, ses faits et gestes, j'en éprouve la sensation d'une absurde anomalie, imputable aux fautes des Français, non au génie de la patrie. »

CHARLES DE GAULLE,
Mémoires de guerre. L'Appel

Prologue

« C'est la France, dit le Président. Ce n'est pas la politique qui vous dépasse, monsieur Leblaireau. C'est la France. »

Le président dit ça avec le sourire d'enfoiré qu'il avait quand il parlait à la télévision. On retrouvait la torsion de babine, le frémissement de commissures que même un crotale aussi olympien que lui ne pouvait réprimer, chaque fois qu'il renvoyait un « chien » de journaliste dans ses dix-huit mètres. Les mots remettaient Rouletabille à sa place ; le rictus, lui, disait le mépris.

A l'époque, j'étais partagé : j'aimais voir le coquin de « journaliste politique » se faire plonger le groin dans le pipi de sa condition surfaite. Mais j'aimais bien aussi que la vieille baderne se trouve, face aux caméras et à des millions d'électeurs, sommée de – juste – répondre *à la question.* Juste, pour une fois, simplement, *répondre* à la question.

Sur le coup, je ne savais trop « pour qui j'étais » ; là, je ne suis guère plus avancé. Pour qui suis-je ? Pour moi ou pour lui ? « C'est la France, gnagnagna. » Ça se veut blessant. Je pourrais devenir grossier. La France, la France – mais attends, Polope : tu m' parles autrement. Si ! T'as vu ce que t'as sur la conscience ? La France ? Mais va te la prendre, papy ! On est pas du même monde !

Précisément : je ferais ça, ça ne durerait pas et, vite, ne ferait qu'aggraver le malaise que m'inocule celui qui m'a longtemps gouverné, et dont j'ai, d'une certaine façon, hâté la fin de règne. « C'est la France » ? Fuck *you!* Oui, mais n'empêche.

Comment dire la fascination que peut en personne exercer ce qui à distance prévenait contre lui ? C'est hypnotique. La duplicité devient de l'omniscience, de l'extralucidité. La distance, la hauteur affichées passent pour de la stature. L'incomplétude frustrante des réponses, normalement un indice de mauvaise conscience, de rouerie, renvoie brusquement à une profondeur qui excède le commun des mortels. Ce n'est plus lui qui ment par omission – c'est son interlocuteur qui a honte de ne pas comprendre à demi-mot ces quarts de contre-vérité tronquée.

Pour un peu, je regretterais.

L'insulter, le calomnier de loin, par écrit, c'était facile, grisant. Mais là, entre quat'z-yeux, sa « présence » – au sens où Mick Jagger, ou Robert De Niro, en ont – m'écrase : il parle mieux le français que je ne l'écrirai jamais ; il a mieux rempli sa vie – c'est une figure historique ; je suis un numéro de Sécurité sociale. En dépit que j'en aie, rien de ce que j'ai raconté ne l'aura atteint, même si ce que cela aura déclenché l'a affecté. Je suis une nuisance, pas un adversaire – ma prose reste loin de ce que ce « fin lettré » appelle un « livre », lui qui doit à Maurras ses premiers émois (si seulement il avait plutôt dévoré *Les Pieds Nickelés*, on ne serait là ni l'un ni l'autre, mais bon).

Il m'examine comme on extrait un dard de guêpe d'une cloque. Surpris qu'une si petite chose puisse provoquer un tel désagrément.

Curieuse impression, vraiment : l'approcher, même cacochyme et plutôt pas ragoûtant, c'est comprendre les slogans (la force tran-couille de mes deux quilles), les surnoms affectueux, familiaux (Tonton ? Mince ! Seigneur, faites-nous naître de parents enfants uniques), ou les autres, divins, sacrilèges (Dieu – *God* en anglais : forcément un lapsus lacaniano-bilingue d'un de ceux, innombrables, qu'il aura mis profond tout au long de sa carrière, leur laissant régler la facture de vaseline en prime), la courtisanerie dégradante à laquelle il a réduit pendant des décennies des gens jusque-là dignes, qu'ils aient voulu, à tout prix, fût-ce leur intégrité ou la cohérence de leurs engagements, le séduire, s'en faire aimer. C'est voir pourquoi personne n'a osé lui poser des questions embarrassantes, comment des esprits par ailleurs pugnaces se sont couchés comme des marionnettes, ensorcelés, paniqués à l'idée d'entamer le petit capital d'estime qu'ils espéraient entretenir sur les comptes du grand homme. Peur de la réponse dilatoire et cinglante – pire, du silence, arrêt de disgrâce – que provoquerait leur curiosité, vaine quoi qu'il en soit.

Le Président pouffe.

« C'est peut-être même pire que ça. Ce n'est pas seulement la France et les Français qui sont trop compliqués pour vous. C'est, j'en ai peur – et pour quelqu'un qui comme vous prétend faire œuvre " poétique ", n'est-ce pas, on trouvera cela fâcheux – c'est en l'Homme que vous semblez n'y voir goutte. En l'Homme. »

Il lève les yeux au ciel.

« Pour le reste, vous avez publié un joli paquet de sornettes. Au passage, je m'amuse : quelqu'un qui se pare aussi ostensiblement de scrupule et de rigueur n'a pas vérifié grand-chose. » J'encaisse. Qu'est-ce tu veux que je fasse ? C'est son droit. Un plaisir que je peux bien lui accorder.

Tout juste, en échange, aimerais-je savoir pourquoi, à présent que c'est torché, qu'il n'est plus Président, qu'il est à peu près aussi respecté qu'un violeur de nourrisson ou un empoisonneur de puits, pourquoi il m'a convoqué dans sa retraite, son Colombey au rabais, là où il avait un jour été si dur de transbahuter une grue pour interviewer Sa Majesté dans le poste. Fuck him, really. Qu'est-ce que je fous là, à m'entendre dire « c'est la France »!

« Pourquoi m'avoir fait venir ? Pour me dire *ça* ? »

Il hausse les épaules et fait sa moue marque de fabrique, celle qui le rendait facile à imiter en fin de repas quand c'était encore d'actualité.

« Je voulais voir celui par la faute duquel, après tant

d'efforts, après tant d'années, je vais rester dans l'Histoire comme l'auteur d'une forfaiture. Une sorte de colonel Henry, certes plus haut placé sur les échelons de l'État, mais pris dans une " affaire " de moindre retentissement. Car je ne vous apprendrai rien et ne vous froisserai pas, j'espère, en soulignant que toutes ces simagrées ne font pas une affaire Dreyfus – et, plus sûrement encore, que vous n'avez, si peu que ce soit, rien d'un Zola, monsieur Leblaireau. Tenez, autant nous dire les choses : à présent que je vous vois, c'est bien pis. C'est aujourd'hui que vous me blessez vraiment, monsieur Leblaireau – Leblaireau ! Quel nom ! Henri IV, au moins, aura succombé sous les coups de quelqu'un dont le nom avait de la tenue. Mais Leblaireau, vraiment, je méritais mieux.

– Pouvez y aller. Depuis la maternelle, on se moque de mon nom, alors, s'avez... »

Il poursuit.

« C'est aujourd'hui que vous me blessez vraiment. Car je constate que celui qui a gâché l'œuvre d'une vie avec un mauvais livre ne paye vraiment pas de mine.

– Sans doute, mais en attendant, pourquoi ? Pourquoi maintenant ?

– Pour ne pas mourir sans avoir vu en face la tête que vous aviez. Car je vais mourir, monsieur Leblaireau », me dit le Président.

1

La Marquise assortie à son corps

De la France ? Ce serait beaucoup dire : plus modestement, c'était plutôt « de la Française » que cette femme, sur les instructions de Gontran Leblaireau, avait tenté de faire vivre face à l'appareil photographique « une certaine idée ».

Plus précisément, même, d'une catégorie bien particulière, fantasmée et « clichée », de Françaises : semblable moins à la Madone qu'à une ancienne élève des couvents qu'on Lui dédie ; enfant de Marie devenue femme du Monde, qui ne chante plus guère, avec le reste de la manécanterie, des « Chez nous soyez reine » à la Vierge ; mais en invoquera volontiers le nom si, couronnement des efforts de son palefrenier, lui vient enfin un plaisir au-dessus duquel la Mère de Dieu, Elle, a préféré se situer.

Peu de rapport non plus avec les fées des contes – sinon, peut-être, le goût des baguettes magiques.

Non : en l'occurrence, on s'était plutôt efforcé de composer une figure d'aristocrate mûre et tourmentée par ses tréfonds, telle que les maçons rêvent d'en croiser plus souvent lorsqu'ils sont convoqués, truelle à la main, dans les beaux quartiers.

Celle que le plombier s'imagine rencontrer chaque fois qu'il va changer un joint dans certains arrondissements de Paris. « Et pour la 'tite dame, qu'est-ce que ce sera ? Pas de tuyauterie à inspecter, par là ? »

Celle qu'ils ne rencontrent jamais, mais que, là, dans *La marquise sortit à cinq heures*, album de photos vendu « sous cellophane » 120 francs TTC (prix conseillé), Gontran Leblaireau allait, comme si ce genre de femme existait, leur offrir – à eux et à tous ceux qu'aide à vivre, toutes logique et vraisemblance bues, l'idée de son existence.

Ainsi, si pour le saint-cyrien, le lecteur de Barrès ou le passionné de balle au pied, « la France » sait être un mirage, cette Française-là se voulait-elle l'hallucination d'une mâle population roturière et frustrée. Oui, quelque chose de l'ordre du conte de fées, finalement, puisqu'on croisera aussi souvent un génie capable d'exaucer trois vœux que cette illusoire « Élégante désœuvrée taraudée par ses sens ». « Madame de » folle du cul. M'ame de Rênal avec le feu au derche. Toutes des Lady Chatterley – sauf ma mère, qu'avait pas les moyens d'employer un jardinier.

Du moins, dans cet esprit et pour ce faire, celle qui, depuis trois jours que les séances avaient commencé, s'était prêtée à cette mascarade était-elle parfaite. Sa poitrine imposante s'affaissait juste ce qu'il faut. De celle d'une lingère, on aurait dit de « bons gros nichons ». Et pour ne pas être en reste, on lui aurait même concédé dans la foulée de « belles miches ». Mais face à ces fesses copieuses, ces pis lourds, propres à étirer joliment la dentelle, là, sur la foi de ces décors de boudoirs bidon, dans l'enchaînement des poses et des mises en scène, c'était plutôt les expressions « formes pleines », « épanouies » – ou encore « corps mûr », qui, spontanément, semblaient convenir.

Loin d'être fâcheux, ce début d'embonpoint encore sous contrôle avait, à l'heure du choix, plaidé pour le modèle : si elle devait figurer une grande dame bonne à prendre, la graisse comptait, renvoi à l'époque où les femmes du monde menaient encore grand – et gagnaient à arborer gros – train.

Courbes dodues, chairs de gros « baigneur » oisif que la vie réelle a épargné. Mais qui va bientôt s'user si on ne se dépêche pas de s'en servir. Après s'être émoustillé, il fallait que le voyeur puisse dire : « Ah oui ! beaux restes – mais tapée, quand même, la grosse. »

Ainsi, ces prémices de patine, et d'autres, profileraient-ils, pour ceux qui se masturberaient en les passant en revue, ces démons qu'on prête aux corps des femmes quadragénaires – et les compromis que l'outrage du temps les contraint à consentir lorsqu'elles veulent les rassasier. Cette libido « demandeuse » rassurerait le branleur malheureux. Ah ah ! Foin de toutes ces jeunes coquettes qui nous prennent de trop haut, celle-ci ferait moins la fière ! S'accommoderait du pneu, des pellicules, des dentitions tartrées, des vapeurs d'aisselles, dès lors que, dans sa situation, elle n'est plus en mesure de faire trop la difficile : l'excès qu'on attribue au désir et au plaisir féminins, cette « possession » démoniaque prêtée jadis, avant de les brûler vifs, à certains ventres de femmes et qui pouvait encore terroriser le mâle jusqu'à l'impuissance, cette exubérance, ce « gros besoin », l'heure ayant passé d'être un défi, ne serait plus que détresse.

Détresse double s'agissant d'une mémé de la haute. Pour le populo, dans sa sagesse infinie, les nanties sont négligées par leurs maris. Dès lors, pour qui s'y faufile, plus besoin de briller, plus de « performance », on est déjà bien bon de les visiter par charité, ces charmes invendus, délaissés. Ces libidos capitulées, en chemise, la corde au cou, rendues, matées, pénitentes quand on cite leurs prétentions d'hier, enfin livrées, corps et âmes, résignées, suspendues et encore bien heureuses qu'on les laisse donc y être, au caprice du dieu Bite.

Absolument : le temps qu'il feuillette un album de photos polissonnes, le mâle opprimé et raillé aime bien penser qu'une femme sait aussi, sait encore, et plus souvent que les gouines féministes n'aimeraient le faire gober, être « ça » et l'être comme ça !

A la demande de Leblaireau, un capilliculteur visagiste avait coiffé le modèle « entre deux guerres », dans l'esprit de ces films dits « à téléphones blancs », quand la société comptait encore quelques vrais oisifs, sans autre occupation sur terre que des adultères chics.

Et comme pour ces « reportages » où les envoyés d'un magazine illustré se collent à une « célébrité » pendant « 24 heures », le photographe avait suivi « Madame » – la Marquise, puisque c'est sous ce titre qu'on allait la vendre – partout. Dans ses appartements, dans son boudoir, dans sa penderie – partout : quelques bobines avaient même été consacrées à une « Marquise » faisant pipi, s'essuyant.

On l'avait mitraillée sous toutes les coutures et

dans toutes les tenues, s'apprêtant, hésitant longuement entre guêpière, corset, gaine et bustier, voire, soudain émue par l'étalage de sa propre lingerie ou ce que le miroir lui montrait de son corps, assise au bord d'un tabouret bien en face de sa psyché, du bout des doigts, se provoquant des pâmes. Elle s'était soumise à toutes les exigences de ce roman-photo d'un genre spécial, répétant inlassablement les gestes demandés.

Au bout du compte, même s'il est clair que tout, en tout, pourrait toujours être mieux, Gontran Leblaireau était content.

Entre le maquillage, les coiffures, les fanfreluches, les attitudes qu'on lui avait fait prendre et un savant jeu d'ombres portées, sa « Marquise » avait fini par ressembler à ce qu'il avait imaginé. En la voyant ainsi, on avait de quoi lever son verre. Ah! voilà bien de la Française! Compagnons, à nos femelles! (Les « compagnons » : cling. « A nos femelles! » « A nos femelles! » Cling.)

Oui. Gontran Leblaireau était ravi. Entre autres choses et à leur manière, les séances de pose qu'il venait de superviser prouvaient qu'il était enfin, vraiment, rendu à la France qui lui manquait quand il vivait à l'étranger. La France telle qu'elle cherche à se faire désirer par l'Étranger, ou telle que l'Étranger la préfère. Une France d'opérette et de cinéma. Un Paris de carton-pâte. Champagne, collections, parfums, folles soirées, une rive gauche qui n'existe pas. Son art de vivre. L'élégance. L'art de la pipe, aussi. On n'a pas de pétrole, mais on a de grandes bourgeoises qui savent pomper! Bref, finesse, luxe, manières, façons et raffinement – la France de Proust, pour aller vite. La France Salon. La France tradition du goût, goût des traditions, habitude de la thune, collet bien monté, soie où sereinement péter. Or, cette France-là, avec ses airs de fausse Oriane de Guermantes, sa « Marquise » en « négligés » 70 % acrylique venait de lui donner corps pendant trois jours de crèche vivante et de tableaux truqués.

Quant à l'autre France, celle dont l'Étranger s'entiche – car il s'en avise – moins, mais qui, dans son exil, avait aussi manqué à Gontran Leblaireau, une France plus « popu », une France en casquette et en polo de nylon – la « France de Céline », du coup, si Proust doit vraiment être le chantre emblématique de l'autre – eh bien celle-là, le troquet où il s'était attablé en sortant du studio l'en rassasiait en même temps que de charcuterie.

En cuisine, un transistor crachotait, branché sur la longueur d'onde qui convenait à l'exilé fraîchement rapatrié puisque, tout à propos, il diffusait le « Douce France » de Charles Trenet, dans la version qu'en avait donnée Carte de Séjour, groupe bicot très applaudi au club des Ran Tan Plan. Douce France, vraiment, sa « tendre insouciance » et sa mélodie le disputant aux sifflets de la machine à caoua, au soliloque de l'habitué en boucle (alors j'y dis... donc lui ym' dit... « non », j'y redis... « 'gaffe à c' que tu dis », qu'ym' dit... « Ta gueule », j'y dis, « je sais c' queuj' dis! »), aux cliquetis du baise-fric, mêlés, comme l'étaient les odeurs de tabac brun, d'anis, de fromegi béchamélisé et de Vigor pour le carrelage. Dit comme ça, le mélange est à gerber, mais dans l'instant, ça sentait si bon la France. Presque aussi bon, dans un genre tout autre, c'est entendu, que la « France » qu'il devait être possible de humer à pleins naseaux entre les cuisses de la « Marquise ».

Entre-temps, tandis que Gontran Leblaireau s'abîmait dans le ravissement folklorico-sensoriel, la musique dans la TSF l'aura cédé au blabla du flash info. Et entre le franc qui se maintient et les canassons arrivés dans l'ordre, il est question d'un ancien secrétaire général de la police de Vichy qui n'en finirait plus de ne pas être jugé. Pour le reste, ça roule pas trop mal et les températures sont de saison.

Ah Douce France ! Il n'y en a qu'une et c'est nous qui l'avons.

Et c'est ainsi que l'enchaînement de circonstances qui devait finalement précipiter la chute du Président commença, par un bel après-midi d'été du tout début des années 90, quand Gontran Leblaireau entendit pour la première fois parler de René Bousquet.

2

Pas un – pas un

En France, les 16 et 17 juillet 1942 aura donc eu lieu ce qu'on a pris l'habitude d'appeler la rafle du Vel' d'Hiv.

Des policiers français kidnappèrent 13 000 hommes, femmes et enfants, les parquèrent dans le Vélodrome d'Hiver, où ils restèrent deux jours dans des conditions infernales qui devaient cependant se révéler proches des délices de Capoue comparées à la suite : aux camps – français – de Drancy, Rivesaltes et Pithiviers, aux wagons à bestiaux des trains de la mort, à Auschwitz – ses séances de vivisection, ses chambres à gaz, ses fours crématoires, son travail qui rend libre.

Sur les 4 051 enfants français raflés ce jour-là, pas un – pas *un* (cette répétition en incise inaugurée par Robert Badinter lors d'un discours commémoratif devrait devenir rituelle, grammaticalement obligatoire, et à propos de ces martyrs, il serait souhaitable que l'on prît l'habitude de ne plus jamais dire « pas un » sans insister aussitôt – pas *un* – puis enchaîner), sur les 4 051 enfants, donc, pas un – tiret, dont acte : pas *un* – n'a survécu. Ces enfants, initialement, l'occupant nazi n'en voulait pas. Qu'on n'aille surtout rien chercher d'« humanitaire » là-dedans. Mais, pour quelque bête raison pratique, technique, que ce soit, et même si on se demande bien laquelle au point où il en était, l'Allemand n'en voulait pas. C'est un fonctionnaire français, un certain René Bousquet, qui lui fit, presque de force, ce cadeau encombrant. Un peu comme les bonimenteurs de foire, les camelots devant le Bazar de l'Hôtel de Ville : « Et pour le même prix, messieurs-dames, je vous offre... ceci ! 4 051 enfants de moins de treize ans, dont 2 000 de moins de *six* ans ! Moins de six ans, mesdames-messieurs, il y a du nouveau-né dans le tas ! Une affaire comme il ne s'en représentera pas de sitôt ! Allez ! Qui n'en veut ? C'est à saisir ! »

On ne lui en demandait pas tant, mais il dut penser que cela ferait plaisir à ses interlocuteurs SS. Comme un pot-de-vin en quelque sorte. Un bakchich, cadeau pour entretenir l'amitié entre *bizness partners*. Tant de zèle embarrassa presque ces messieurs de la Solution finale. Dût-il en coûter à leur boulimie, il leur fallut même, après l'avoir remercié, tempérer un peu les ardeurs de René. Qu'il leur laisse le temps de se retourner. Il est drôle, lui ! On n'« usine » pas quatre mille cinquante et un « lots » comme ça, à l'improviste, à la fortune du pot. Qu'importe qu'il s'agisse moins de nourrir leurs jeunes bouches que de gazer leurs tendres narines, de quelque façon que tu comptes et quelque sort que tu leur réserves, quatre mille cinq cent cinquante et une « têtes » (comme au restau, vous savez : on dit « tant par tête » – sans compter les boissons), tout ce petit monde, bref, ça suppose quand même un minimum de préparation.

C'est que René, il est bien gentil, mais on n'a pas

que lui ! Alors ! Qu'est-ce qu'il croit ! Il est pas tout seul à fournir ! Ça rafle dans tout l'empire. Il nous en arrive de partout, des convois. Certes, pas aussi bien servis que par lui, c'est entendu. A la fin de l'année, à l'heure des primes, on saura s'en souvenir. Mais enfin là, il nous prend un peu par surprise. Les trains manquent. Et quand bien même on les aurait, encore faut-il être sûr de pouvoir traiter la marchandise à l'arrivée. Si on laisse rentrer tout le monde, comme ça, sur leur bonne mine, après, ça s'embouteille à la porte des fours. Il s'en fiche bien, lui. On voit que c'est pas lui qui se fait chier à les aligner en rang par deux. Bien les Français, ça ! Tiens, oui, c'est ça, René, en fait : le grain de fantaisie, le défaut de l'improvisation latine qui viennent faire grincer une belle horlogerie teutonne. Ce côté « jamais rien faire comme tout le monde ».

Je vais te dire, heureusement que tous les fournisseurs n'étaient pas comme René, sans quoi le système nazi, foin du génie industriel allemand et de ce sens légendaire de l'organisation, n'aurait jamais pu laisser l'empreinte que l'on sait dans l'Histoire moderne. D'un autre côté, comment ses amis SS peuvent-ils le morigéner trop sévèrement ! Brave René. Il a cru bien faire. On va s'arranger. Juste, blague dans le coin, qu'il nous donne un peu de temps.

Tout ça pour dire, bref, qu'on ne lui demande rien, mais René fait modifier la loi, histoire que les enfants puissent profiter du voyage. Pour qu'ils ne soient pas séparés de leurs parents, dira-t-il plus tard. Il est pour les familles unies, René. Avec lui, l'expression « *cellule* familiale » prend tout son sens – et sa saveur. Sauf qu'en réalité, tout ça – « réunir les familles » – mon petit vieux, c'est des bobards gros comme les charniers et le lecteur s'en convaincrait vite si nous commencions à nous perdre dans les « détails », n'est-ce pas.

On commence par le petit David, la petite Sarah, à titre d'exemple, comme ça, on fait pas gaffe. Et puis, une tranche de vie en amenant une autre, l'air de rien et sans l'avoir vu venir, nous voilà empêtrés dans le tragique destin du petit Ephraïm, de la petite Rachel, de leurs malheureux parents. Sachant qu'ils furent mine de rien, ce jour-là, rappelons-le, 4 051 à être envoyés d'un coup au tourniquet ; et que pas un – pas *un* – etc., faites les comptes, on n'en sortirait plus, on serait encore là demain, complètement largués, à des lieues de notre projet initial.

Ainsi, comment, à l'aube des 16 et 17 juillet 1942, 13 000 hommes, femmes et enfants furent sortis de chez eux et emmenés de force dans un stade ;

Comment ces enfants, d'abord inconscients, éberlués, incrédules, dépassés par les événements, se trouvèrent abandonnés au tourbillon d'une bestialité pour eux invraisemblable, d'une cruauté impensable ;

Comment ils purent alors vérifier dans leur chair la possibilité d'une horreur à laquelle des adultes ont, cinquante ans plus tard, encore peine à croire ;

Comment une méchanceté dont les proportions, appliquées à toute autre chose, sembleraient bouffonnes, parodiques, insensées, leur fut infligée ;

Comment ils tentèrent de consoler leurs parents au début, comment leurs parents tentèrent de les protéger ensuite, tout cela en vain ;

Comment pères et mères devinrent fous, sentirent leur raison les abandonner face à un enchaînement où le bon sens n'avait effectivement plus que faire ;

Comment, à Pithiviers, l'un de ces camps – français, gardés par des gendarmes français – où les malheureux transitèrent avant de partir en Allemagne ou en Pologne, ces enfants se seront, pour reprendre les terribles formulations de Sorj Chalandon, « accrochés au souffle de leur mère, à cette chaleur qui éloigne les monstres de la nuit, jusqu'à ce que les gendarmes français les leur arrachent des bras, parce qu'on a dit aux mères qu'elles devaient partir seules, devant, pour tout préparer avant que les enfants ne les rejoignent » (mensonge, bien sûr ! Elles ne reverront jamais leurs petits) ;

Comment, de cette matinée, un habitant de Pithiviers garde encore le cri en mémoire, « cri unique », toujours selon les termes magnifiques et insoutenables de Sorj Chalandon dans *Libération*, « de milliers de corps séparés, en une seule fois et pour toujours, une clameur d'épouvante pure, entendue à un kilomètre du camp », dès lors qu'« elles savent, les mères, ce que les enfants devinent, elles hurlent, ils appellent, elles sont jetées dans les wagons, mortes avant la mort, laissant nus les enfants » ;

Comment on les achemina, séparément, comment les bétaillères cahotèrent, comment les nourrissons étouffèrent – et ce n'était que le début du voyage ;

Comment, donc, tous arrivèrent enfin jusqu'au bord du gouffre de l'abjection humaine, comment le vertige les saisit avant qu'on ne les y précipite ;

Comment, bref, l'indicible, comment l'inexpiable eut lieu, comment Dieu était parti pisser ou aura regardé ailleurs comme un flic acheté, tout cela, mesdames-messieurs, nous ne le raconterons pas.

Certains de ceux qui en sont revenus en ont déjà fait le récit.

Nous dirons juste que, les 16 et 17 juillet 42, lorsque René, qui avait lu Robert Brasillach – « et n'oubliez pas les enfants », recommandait ce dernier à la fin d'un appel au massacre. Formule qui frappe. On la retient. Sans doute pour cela qu'aujourd'hui encore on trouve des gens pour s'indigner qu'on en ait fusillé l'auteur à la Libération. Sans doute déplorent-ils pour les Lettres françaises la perte d'une plume efficace, puissante. « Et n'oubliez pas les enfants » – si : ça claque. Ça jette. Que de grandes pages ce cher Robert ne nous eût-il pas composées s'il avait vécu ! En précisant toutefois qu'il aurait dû changer de sujet : oui, une fois qu'on a massacré les vieillards, les parents et que, sur sa recommandation, on a exterminé aussi les nouveau-nés, il ne reste plus beaucoup de têtes à réclamer avec éloquence – à moins de jeter alors le dévolu de ses haines sur les coiffeurs (comme dans la blague : « il faut tuer les juifs et les coiffeurs ». « Pourquoi les coiffeurs ? » Robert aurait trouvé, faisons-lui confiance. *« Et n'oubliez pas les shampouineuses ! »*), mais ce n'est pas le sujet – et donc, lorsque René envoya ses policiers – français – faire du ramassage scolaire (« Les enfants, hein, les gars ! Surtout, n'oubliez pas les gosses ! »), nous résumerons simplement en disant que ce n'était pas précisément pour envoyer ceux qu'ils rameutèrent au Club Méditerranée. En villégiature. S'aérer. Décompresser un peu.

C'est important de le rappeler, car ça, voyez, c'est pour *ça* que la vie de Gontran Leblaireau, et celle du Président, vont changer.

3

Un quotidien dit « de référence »

C'est dans les pages consacrées à l'actualité française que, dans l'édition du quotidien *Le Monde* datée du 26 septembre 1990, Gontran Leblaireau lit :

« RENÉ BOUSQUET OU LA JUSTICE LENTE

« Au sommet de l'État, on ne semble pas pressé de juger l'ancien secrétaire général de la police de Vichy. Pourquoi ?

« Les plus hautes autorités de l'État souhaitent-elles vraiment que soit jugé René Bousquet, quatre-vingt-un ans, l'un des principaux responsables de la politique antisémite de Vichy entre 1942 et 1944 ? Les lenteurs de la chancellerie à propos de ce dossier constituent à elles seules une réponse. Voilà tout juste un an que Mes Serge Klarsfeld et Charles Libman ont déposé plainte avec constitution de partie civile contre René Bousquet, ancien secrétaire général de la police nationale de l'État français pour crimes contre l'humanité. Et voilà douze mois que ce dossier sensible, chargé d'histoire, s'enlise sûrement.

(...)

« Un an après [la plainte], force est de constater que la machine judiciaire est restée inerte même si le garde des Sceaux déclare à la cantonade : "*Je me dois de veiller avec une extrême attention à ce que l'action de la justice se poursuive jusqu'à son terme.*" La plainte Bousquet, en réalité, n'a pas progressé d'un iota et Me Nordmann se demande si l'on ne "*cherche pas à gagner du temps en attendant la mort du futur inculpé*".

(...)

« Depuis lors, le dossier Bousquet n'intéresse plus que le procureur général lui-même, M. Pierre Truche, son ministre, M. Pierre Arpaillange, et M. François Mitterrand, pour qui les affaires judiciaires, lorsqu'elles touchent de près à l'Histoire, forment comme un appendice à son domaine réservé naturel : la diplomatie et la Défense nationale.

« Or, cette fois, la volonté politique qui fut si déterminée à l'occasion de l'arrestation de Klaus Barbie – responsable des services de renseignements de la Gestapo de Lyon durant l'Occupation, jugé en 1987 – n'est plus la même. "*L'histoire a ses droits mais la paix civile aussi*", fait remarquer un proche de l'Élysée.

(...)

« Le dossier Bousquet offre évidemment quelques difficultés juridiques propres à nourrir, le cas échéant, ces réserves, voire ces réticences.

(...)

« En juin 1949, après une période de six mois d'inactivité, la Haute Cour de justice a en effet examiné les activités du secrétaire général de la police nationale sous le régime de Vichy.

« Les chroniqueurs judiciaires de l'époque le décrivent *"à l'aise, comme dans un salon"*.

(...)

« Finalement, au terme d'un procès rapide, René Bousquet, poursuivi pour aide à l'Allemagne et actes de nature à nuire à la Défense nationale, est condamné à une peine de cinq ans de dégradation nationale dont il est immédiatement relevé pour services rendus à la Résistance. Un arrêt du Conseil d'État, en 1957, annule le décret l'excluant de la Légion d'honneur.

« Dans ces conditions, un nouveau procès n'est possible aujourd'hui que si la justice est confrontée à un fait nouveau. Dans sa plainte, Me Klarsfeld attire l'attention sur une conférence tenue le 2 juillet 1942 concernant le sort des juifs de la région parisienne. Au cours de cette réunion, René Bousquet donne son accord aux chefs SS pour que la police française participe aux rafles. (...) En outre, Me Klarsfeld a révélé que René Bousquet, fin août 1942, a fait annuler plusieurs dispositions réglementaires mettant à l'abri des rafles certaines catégories d'enfants juifs.

(...)

« A ce stade, on mesure que les arcanes judiciaires offrent d'innombrables échappatoires à ceux qui désirent éviter le procès de René Bousquet. S'il est exact que la Chancellerie s'apprête à demander au procureur général de requérir la saisine de la chambre d'accusation, il est également probable que la Cour de cassation ait à nouveau son mot à dire. Ainsi passent les semaines et les mois...

« Quarante-cinq ans après la Libération, René Bousquet profite en somme une dernière fois d'avoir été préfet et secrétaire général régnant sur la police française. Il jouit des privilèges dont l'État se montre prodigue pour ses très hauts serviteurs. Ne pas avoir été un tortionnaire mais "seulement" un fonctionnaire de la collaboration administrative lui vaut les égards que le droit réserve habituellement en France aux grands clercs.

« Ainsi Me Klarsfeld peut-il parler d'un "*blocage d'ordre sociologique*". "*Il existe,* dit-il, *une répugnance à mettre en cause des personnages respectables par leur titre, par tout un ensemble de signes sociaux, et encore plus à les traîner devant la justice.*" Ce qui fut vrai en 1949, avant que Bousquet ne reprenne une brillante carrière au conseil d'administration de *La Dépêche du Midi* et de directeur général adjoint de la Banque d'Indochine, sans compter d'innombrables postes d'administrateur, semble devoir le rester en 1990.

« LAURENT GREILSAMER »

4

Des compatriotes bien impavides

L'Histoire de France enrôla Gontran Leblaireau de force. Cet aimable fumiste timidement décadent ne demandait rien.

Comme nombre de Français et de Françaises de sa génération, Gontran Leblaireau avait grandi persuadé que la responsabilité nationale dans la fameuse rafle du Vel' d'Hiv' s'était, si l'on ose dire, « limitée », cantonnée, aux efforts de policiers français, bras armé des basses œuvres décrétées par l'occupant, pour pousser les « raflés » dans les bus, puis dans l'enceinte du stade.

Cette seule fausse impression démontrait déjà une bonne information. Comme chacun sait, la police parisienne préfère entretenir le souvenir de la « fourragère », ces cordons tressés qu'on accroche à l'épaule, reçue après guerre en récompense de son rôle lors de la Libération de Paris. Pour le reste, Gontran Leblaireau, comme tous les Français – à l'exception de quelques enfants, neveux, petits-enfants ou petits-neveux de déportés, qui avaient des raisons de se pencher plus particulièrement sur la question –, Gontran Leblaireau, donc, avait grandi en ignorant l'existence de René Bousquet.

Et pour cause. Pendant les années où Gontran Leblaireau avança en âge et en sagesse, René Bousquet ne se vanta pas d'exister. A tort! Son parcours est tout à fait intéressant. Il transcende l'anecdote. Cet homme-là nous explique le monde. Un type littéraire; un personnage archétypal. On devrait, si la vie était juste, dire déjà « un Bousquet » comme on dit « un Rastignac » ou « une Bovary ». René Bousquet : un homme qui nous aide à comprendre les hommes – et je dirai même plus : l'Homme! Allégorie méconnue, métaphore accomplie de l' « élite » française, il mérite un biographe, des thèses à sa personne consacrées. Autant de tâches qu'il convient de laisser à ceux dont c'est le métier (les vaches sont ainsi bien gardées – et les camps).

Aussi nous contenterons-nous de résumer, en n'isolant que les éléments qui devaient faire si forte impression sur la « naïveté », la sensiblerie de notre héros – et par un curieux enchaînement de circonstances, provoquer, à retardement et alors qu'on n'y croyait plus, comme une sorte de crise de régime en France.

C'est avec une stupeur fascinée que Gontran Leblaireau découvrit les faits. Des faits, ainsi qu'un précédent chapitre l'a clairement démontré, mis à la disposition de tout citoyen normalement informé. Des faits qui le dévastèrent.

Après la guerre, René Bousquet ne fut pas épuré. Pas tondu.

Certes, il comparut devant quelques vagues « juges ». Mais faut voir comme! D'ailleurs nous le verrons.

Une fois sorti indemne et libre du palais de justice, René s'empressa d'aller faire une brillante carrière à la Banque d'Indochine, dont il devint le directeur adjoint, et administra de nombreuses sociétés (Banque française de l'Asie, Banque française pour le commerce, Société des caoutchoucs de l'Indochine, Société indochinoise d'électricité, Phosphates de l'Océanie, Société financière de la France d'outre-mer – autrement dit, trafic de piastres, faire suer le burnous et le coolie, payer le pousse-pousse d'un coup de pompe dans le cul).

Il exerça, en 1968, les présidences de la Compagnie générale des mines de Bruxelles, du Crédit foncier de la Nouvelle-Calédonie et de la Société des plantations réunies de l'Ouest africain (un colonial, René ! Avec en prime une claire dilection, révélée par les années de guerre et visiblement mise à profit une fois la paix revenue, pour – toutes ces « mines », toutes ces « plantations » ! – les travaux forcés en huis-clos et la main-d'œuvre bon marché).

Il siégea aussi, en 1960, au conseil d'administration de *La Dépêche du Midi* et avait même eu, en 1958, le toupet tranquille de se présenter à la députation – sans être élu, Dieu merci, mais sans pour autant faire grincer plus de dents que cela.

En un mot, autrement dit, tandis qu'en rentrant d'Allemagne ou de Pologne, les survivants trouvaient leurs logements occupés par le voisin qui les avait dénoncés, devaient recommencer une vie – on n'ose pas dire « à zéro » ; moins l'infini serait, pour une fois, un « chiffre » plus précis –, réapprendre à vivre, à travailler, à aimer, tatouages indélébiles au bras, deuils incommensurables au cœur et visions d'Innommable systématiquement enchaînées à leurs nuits agitées, tandis que ces malheureux, donc, se débattaient dans d'impossibles existences de miraculés honteux de l'être, de sursitaires apparents déjà morts depuis longtemps, René, lui, loufait dans du sur-mesure et se faisait des couilles en or. Histoire de dire comme la justice immanente n'était pas pressée de pallier les carences, lâchetés et forfaitures de la magistrature officielle. D'un autre côté, pourquoi diantre l'eût-elle été, quand, quarante ans après, la découverte sous une frite de ce triste pourvoyeur en combustible humain ne semblait pas, autant qu'on l'eût pu croire et espérer, perçue par la population et ses gouvernants comme l'occasion inespérée de remettre les choses à l'endroit.

Le Président temporisait – pour « protéger la paix civile », allait bientôt dire l'un de ses laquais. Excuse qui avait fait ses preuves, quarante-cinq ans plus tôt, au moment des attributions de fourragères absolveuses, absolvantes et absolutrices. Le Président freinait, donc. Et le peuple s'en battait les burnes. Pas de manifestations, comme pour NRJ, la radio énergie, ou l'école libre. Pas de traumatisme. La vie continuait. René Bousquet *was still alive and well and living in Paris*. Et Paris semblait répondre : si fait. Soit. Et alors ? Voilà ce que considérait, donc, Gontran Leblaireau avec effarement.

Bien sûr, à propos de René, cela l'avait d'abord chagriné d'apprendre que la rafle avait été une idée française. Un « projet » français – au sens de « grand projet », grosse opération. Une démonstration de savoir-faire tricolore, un peu comme le défilé de Jean-Paul Goude pour le Bicentenaire de la Révolution. Mais, ma foi, qu'un homme, qu'un Français, même, pour appeler les choses par leur nom, ait « collaboré », c'est une idée avec laquelle, en vieillissant, Gontran Leblaireau avait appris à composer. Que ce même individu – français, donc ; autrement dit, de même nationalité, de même culture que lui, Gontran Leblaireau – ait envoyé hommes, femmes et enfants à la mort, si l'on ose dire, passe. C'était « la guerre », n'est-ce pas : période sombre, années noires, gross malheur !

Qu'il soit quasiment acquitté à la Libération, c'était déjà plus gênant. Les « libérations », censément, servent à repartir du bon pied. Mais on sait ce que c'est. Le nouveau départ se trouve parfois facilité par certaines amnésies, certaines amnisties, certaines « réconciliations nationales » forcées.

Admettons : si « protéger la paix civile » peut jamais constituer une excuse à des dénis de justice, c'est tant que les plaies suppurent encore de part et d'autre, plutôt qu'après un demi-siècle de cicatrisation. Allez ! Le moraliste est bon enfant ! Ça ira pour cette fois – juste : n'y revenez plus.

Encore que, même là, on puisse installer toute une hiérarchie de nuances. C'est une chose de laisser l'enculé de sa mère vivre et même vivre à l'air libre, mais doit-on vraiment le laisser prospérer comme si de rien n'avait jamais été ? Lui confier de hautes responsabilités dans des organismes plus ou moins maqués à l'État – à nos impôts, autrement dit ? Un État qui, par ailleurs, ne devait pas verser lourd de dédommagements aux victimes de René qui avaient survécu. Devait-on le laisser ne serait-ce que prétendre siéger au parlement de la République, quand un voleur de poule se voit, lui, retirer le droit de vote ?

Gontran Leblaireau se posait la question.

Mais, je vais vous dire, même ça, à la limite, pff, allez, il est bon bougre. Si : vraiment, même ça, il voulait bien s'en accommoder : oui – qu'un criminel de guerre fasse une brillante carrière tandis que les héros n'ont que leur pension de mutilé pour pleurer, c'est inique, c'est abject, cela amène à se poser mille questions sur la classe politique qui l'aura toléré. Mais ça, les politiques n'est-ce pas, on n'en attend plus rien. On sait à quoi s'en tenir. Ils sont comme ça. On ne va plus les changer !

En revanche, constater que, le pot aux roses découvert, lorsque par miracle – par l'acharnement d'un homme aussi, Serge « pitbull » Klarsfeld – « the shit hits the fan » (la merde entre en contact avec les pales du ventilateur), comme disent les Anglais, lorsque enfin on s'avise de cette abomination à tiroir, la France hausse les épaules, ça, ça trouait le cul de Gontran Leblaireau dans des diamètres propices à ce que deux TGV s'y croisent.

Il ne s'agissait plus, en l'occurrence, de générations périmées ou de castes corrompues, amorales sinon par nature, du moins à l'usage, par tradition, de ministres oubliés, de cabinets dissous, mais de l'Exécutif du moment, des dirigeants en place, et à côté d'eux, de cette foule française du début des années 90 à laquelle Gontran Leblaireau était revenu se mêler. De gens de son âge, de gens plus jeunes. Et quand cette France-là ne sursaute pas, cela veut dire, concluait Gontran Leblaireau dans un vertige, qu'elle est prête à recommencer. Ça veut dire que, d'une certaine façon, des hommes capables de cela sont encore au pouvoir.

Et là, Gontran Leblaireau était subitement moins à l'aise, moins heureux d'être revenu « s'enraciner », en un pays ainsi gouverné, parmi ces concitoyens-là.

5

Chez un riche planteur

« Ach ! Mais qui êtes-vous donc ! Qui vous envoie ! »

La peur aidant, un peu d'allemand revenait dans l'espagnol de « Don Gustavio ». « Qui vous paye ? Les Tupamaros ? La DEA ? »

En matière de gens susceptibles de lui vouloir du mal, Don Gustavio n'avait en effet que l'embarras du choix.

Sans même parler de sa brillante carrière en Yougoslavie, comme instructeur des SS croates, organisateur de pogroms et raseur de villages – période révolue, trop distante en années et en kilomètres pour qu'il y pense encore –, son seul parcours dans l'hémisphère Sud avait semé presque plus de haines, inimitiés et rancunes qu'il ne poussait de plants de coca sur les 100 000 hectares de ses multiples plantations.

Depuis son arrivée au Nuevo Rico, au début des années 50, ce pédagogue-né avait formé les diverses polices politiques des dictateurs qui s'étaient succédé aux commandes de ce petit pays coincé entre la Bolivie et le Pérou. Loyaux services en échange desquels

Don Gustavio avait pu bientôt établir son empire latifundiaire. Tortionnaire est maître chez soi : l'État de droit, déjà fragile au Nuevo Rico, abdiquait ses derniers semblants de légitimité aux portes du domaine de Don Gustavio. Le maître des lieux s'y comportait à sa guise, qu'il s'agisse de cultiver de la coca, raffiner ses dérivés, ou chasser l'Indien, le dimanche, après déjeuner.

Si l'on ajoutait donc les agents spéciaux de la Drug Enforcement Administration américaine à la liste des Nuevo-Ricains de toutes sortes que Don Gustavio avait torturés, fait torturer ou endeuillés, il y avait effectivement foule pour souhaiter sa disparition.

La jeune femme brune et bronzée qui pointait sur lui un Walther 9 mm pouvait avoir été envoyée par n'importe qui.

La soirée avait pourtant bien commencé.

Rencontrée l'après-midi même sur le terrain de polo de San Facion, la capitale du Nuevo Rico, la jeune femme brune et bronzée l'avait autant impressionné par sa beauté que par ses dons de cavalière. Sous le charme, le vieux paranoïaque ne s'était pas méfié. Elle était l'invitée personnelle de son ami le général Pinocu, « libertador » du Nuevo Rico et président à vie depuis déjà dix ans, et celui-ci l'avait présentée comme une héritière espagnole, richissime et blasée, venue au Nuevo Rico renifler d'éventuels investissements aussi bien qu'y éprouver quelques émotions fortes.

Puisqu'elle semblait s'intéresser à la monte, il lui avait proposé de lui faire visiter son haras. Il avait dû insister un peu. Mais les encouragements du dictateur et le portrait paradisiaque qu'il brossait du domaine de son ami Don Gustavio avaient finalement eu raison des hésitations de la jeune femme.

Sans le lui avoir dit, le vieil Allemand se promettait bien de lui organiser un de ces petits spectacles qui avaient fait sa réputation d'hôte imaginatif dans la bonne société nuevo-ricaine et une partie du corps diplomatique en poste à San Facion. Par radio, il avait ordonné à l'un de ses lieutenants d'envoyer une équipe kidnapper en forêt quelques jeunes Indiennes et de tenir prêt l'un de ses étalons.

Son hélicoptère Puma, discrètement fabriqué pour lui dans une usine de la région parisienne, les avait ramenés, son invitée et lui, jusqu'à son palais.

Le soir était alors tombé, sonnant l'heure d'un dîner pour deux servi au bord d'une des piscines.

Souper fin.

Au dessert, le vieil homme avait décidé de passer aux choses sérieuses. Il n'était plus très actif, sexuellement, mais aimait encore regarder.

A son signal, les deux gardes du corps, restés en faction à trois pas de la table pendant les agapes de leur employeur et de la salope du jour, s'étaient, comme chaque fois, pudiquement retirés de l'autre côté de la porte, prêts à intervenir illico si les résistances rencontrées par le patron outrepassaient, comme parfois, le seuil au-delà duquel elles cessaient de constituer un « piment ».

« Enfin seuls », avait alors lâché la jeune femme. La pointe de satisfaction perceptible dans sa voix avait suggéré au vieil homme comme un encouragement.

Il allait faire part à la jeune femme de la petite saynète qu'il comptait lui faire interpréter, en avant-goût d'autres chorégraphies plus élaborées prévues pour la suite de son séjour, quand celle-ci avait produit d'on ne sait où le revolver prolongé d'un silencieux. Ses bagages avaient pourtant été fouillés et sa robe du soir, visiblement portée à même la peau, ne permettait pas qu'on y cache une arme. Il éclaircirait ce mystère plus tard. Pour l'heure, il fallait neutraliser cette pute.

Avec une assurance que démentaient les gouttes qui avaient commencé à perler sur ses tempes, le vieil Allemand ricana :

« Vous ne pourrez pas vous en tirer. Le pays m'appartient. En voiture, il vous faudrait deux jours pour rejoindre San Facion. Toutes les routes, à 300 kilomètres à la ronde, sont contrôlées par ma milice. Même à San Facion, vous ne pourrez vous réfugier nulle part. Les ambassades vous refouleraient, de peur des représailles. Ah ! vous êtes trop drôle avec votre petit pistolet ! Laissez-moi rire : ach ! ach ! ach ! »

Ce rire avait souvent retenti, lorsque le plus jeune colonel SS du Reich, puis le Secretario delegado à la Securidad, faisait étalage de ses talents, de son imagination et de sa démence.

« Ne vous en faites pas pour moi, Oberstrumphführer Gunthar Täggell, répondit la jeune femme brune et bronzée dans un allemand parfait. Dans un genre différent, ma sortie sera aussi simple que la vôtre. »

Sans laisser au vieux nazi le temps de sursauter à l'énoncé du son vrai nom et de son ancien grade, elle pressa la détente. Le « plop » assourdi par le silencieux fut le dernier son perçu par les tympans du « bourreau de Zagreb » – et encore ne dut-il pas l'entendre en entier, la balle au mercure lui ayant déjà creusé une vallée de la Ruhr à travers le crâne avant que les dernières harmoniques du petit bruit de bouteille débouchée n'aient pu se dissiper.

6

Le film français

Comme nous le disions, la France qui manquait à Gontran Leblaireau pendant son séjour américain était la France telle que l'Étranger se la représente, telle que l'Étranger la supporte. Une France d'opérette et de cinéma. Mélange, donc, d'une caricature de « France de Proust » lue en Bibliothèque verte et de « France de Céline » jouée à l'accordéon par un chansonnier de la Butte devant des touristes allemands – pourquoi allemands ? Je ne sais pas : on joue de l'accordéon en Bavière et les Allemands aiment bien Céline.

Mais lui manquaient aussi des choses plus diffuses, plus volatiles, plus impressionnistes, moins empaquetables.

Comme une fin d'après-midi de printemps à Paris, à une terrasse de café. On commande des... non – mieux encore : un soir d'été, en Dordogne. On dîne au jardin – « dehors ». Lampes à pétrole et insectes. Mais à vrai dire, cela peut être aussi un soir d'hiver dans une maison de la côte normande où un feu crépite, ronronne – tout ce que les feux font – et contre laquelle la tempête vient battre. Des mets simples, sur la table. Mets où le raffinement s'exprime « en creux », par litote, justement par et dans le dépouillement affecté, dans la sobriété de leur mise et de leur présentation – où n'en resplendit que davantage l'autorité avec laquelle leur fraîcheur ou leur taille ont été distinguées, la sereine confiance en eux et en lui qu'affiche alors sans vraie ostentation celui qui les sert quasiment « nature ». Cette boustifaille, on en parle avec assurance, sensualité, compétence et une passion contrôlée, sereine, assurée de la pérennité, de l'infaillibilité de l'objet de son désir – il restera toujours, quoi qu'il arrive (fussions-nous re-envahis par les Maures ou asservis par Bruxelles, ses normes communautaires, ses pasteurisations et ses jambons sous cellophane), de la vraie charcuterie en France. On en parle avec une faconde, un lyrisme, une emphase et surtout une « science » uniques, *impensables* ailleurs dans le monde.

Le vin est débouché avec deux trois formules bourrues. Rusticité, populacerie feintes, on joue au terrassier, au bougnat, comme Marie-Antoinette jouait à la bergère. Des intonations au grasseyement bouffon, familiarité factice empruntée au cinéma plutôt qu'aux habituées de vrais assommoirs. Pour conserver deux catégories qui nous ont déjà servi et qui, je le crains, nous resserviront encore, « la France de Proust » s'encanaillant fugacement « chez Céline ». A moins qu'il ne s'agisse d'une précaution oratoire – afin que nul ne s'y trompe et que, dans sa rudesse, ce ton « peuple » revirilise ce qui pourrait éventuellement sembler d'ordre « féminin » dans l'attention prêtée par des messieurs aux arts de la table.

C'est aussi comme un cachet d'authenticité qu'on

appose sur les ingrédients et les crus, et ce qu'on en dit : en contrefaisant des accents de taulier ou de loufiat de brasserie, on invoque un peu de leur autorité en la matière. On honore la bouffe et le goût qu'on en a. Revendiquant et réalisant la gourmandise comme un atavisme de droit divin : Français de naissance et fine gueule par la grâce de Dieu.

Plus tard, lorsque les libations commenceront à faire leur effet et qu'on aura perdu le compte des bouteilles ouvertes, qu'on les ouvrira sans plus s'extasier mais plutôt comme un dû, un fait accompli, comme on entretient un feu, une conversation aura eu le temps d'éclore. Conversation engagée selon des codes tacites, dont le premier et le plus impérieux stipule qu'ils ne doivent jamais être rappelés ou proférés. Comme le sens du mot « Jazz » pour Louis Armstrong : *if you need to ask, you don't need to know.* Comme, en fait, un jeu de société livré sans les règles, mais autour duquel s'attablerait une élite qui les maîtrise d'instinct. Un sens de la causerie, un peu comme les Nègres auraient le sens du rythme. Une Maçonnerie de la langue bien pendue, dont les sectataires se reconnaissent immanquablement et sans effusions inutiles. Entre initiés. Entre affranchis, sans jamais – surtout au grand jamais – accuser réception de cette reconnaissance et de cette complicité – de cette « conspiracy », comme on dirait en anglais, un peu comme le mot « mafia » n'est jamais prononcé entre gangsters. L'incarnation d'une figure de « bel et bon parleur », cousine du comédien paradoxal de Diderot : distant et engagé ; convaincu, certes, mais pas dupe. Parler, en France, comme le reste du monde écrit : de façon intransitive.

On se traitera d'anar de droite, d'intellectuel de gauche, de réactionnaire, de démagogue. On fera des mots, des épigrammes. On parlera, non pas pour ne rien dire – au contraire, des choses terribles seront lâchées – mais gratuitement. La confrontation de grandes idées ne sera là que pour pimenter la conversation. On ne prononcera pas ces grandes, ces belles phrases – éventuellement sensées, auxquelles on croira même parfois – pour professer une foi, mais plutôt comme des surenchères lors d'une partie de cartes, pour faire monter les enjeux. Les preuves de l'existence de Dieu, les secrets du Sexe ou même, tout bêtement, des partis pris esthétiques envisagés comme des plaquettes à dix mille francs sur le tapis vert du blabla – un sujet politique, lui, ne correspondant qu'à des jetons à cent balles, tout juste bons pour les machines à sous.

On modulera une gravité de ton inversement proportionnelle à celle du sujet. C'est badin qu'on évoquera Mondrian et docte qu'on débattra de fromages – tout en s'empressant de préciser que cette règle n'existe que pour être transgressée ou amendée au gré de détails imperceptibles, de signes inintelligibles au non-Français. Choisir son ton comme on choisit un club de golf – naturellement, sans le commenter.

A la fin du jeu, au moment de se quitter, on aura communié entre Français sous les trois espèces nationales : bien mangé, bien bu, bien dit, des choses introuvables ailleurs. Et ce faisant, la sensualité, la concupiscence avec lesquelles grâces auront été rendues à cette Sainte Trinité – épaulées, il est vrai, par la simple présence de femmes dont l'élégance discrète et la désirabilité flotteront encore dans l'air quand bien même, bercées par tant de bavardage, elles auront exprimé l'envie de quitter la table, d'aller se coucher ou papoter à la cuisine –, tout cela, donc, aura, qui plus est, invoqué l'esprit de l'autre obsession, l'autre vanité locale : un savoir-jouir et faire-jouir qu'on veut croire uniques au monde.

Sexe, bouffe et blablabla. On aura célébré l'Identité, la Civilisation française, celle dont le monde ne sait certains jours plus s'il nous l'envie ou nous la reproche.

Voilà, entre autres, ce qui faisait de la France la France pour Gontran Leblaireau. Ces rites non écrits, d'une complexité qui font ressembler toutes les cérémonies du thé à quand on se mouche à l'auvergnate. Voilà ce qu'il n'avait pu trouver ailleurs. Voilà, entre autres, ce qui l'avait ramené chez lui.

Rites, codes et coutumes envisagés comme une tradition à entretenir, et une récompense méritée : les Lumières, les Droits de l'Homme, le *Figaro Madame*, leur propagation, ce foisonnement artistique et intellecutel, tout cela trouve son aboutissement, sa rétribution, dans un certain art de vivre. Un confort dont on peut dès lors jouir sans remords, sans penser aux petits Biafrais. En bas des pyramides, on est peut-être contemplé par quarante siècles de civilisation, mais nous autres, d'avoir bâti des cathédrales, guillotiné nos usurpateurs et produit *La Chartreuse de Parme*, on gagne le droit de saucissonner en virtuose. Nos bonnes soirées et cette façon si particulière que nous avons de les passer sont garanties par tout ce qui est noble dans notre histoire et notre patrimoine. C'est le privilège d'une nation qui, sortie des pires ténèbres, a su, vaille que vaille, se civiliser.

Mais tout à coup, en portant un verre à ses lèvres pour faire descendre la bouchée de cassoulet de Castelnaudary qu'il venait de savourer, penser qu'au même moment, autour d'une table chargée des mêmes victuailles, des mêmes millésimes, obtenus chez les mêmes grands fournisseurs, René Bousquet savait sans doute se montrer tout aussi fin buveur, joyeux drille et gai compagnon à la françaisse, ô si typiquement français, Gontran Leblaireau en venait brusquement à se poser bien des questions.

C'est simple : qu'est-ce qui, chez René Bousquet, était le plus typiquement français ? Avoir déporté sans ciller 4 051 petits « israélites », ou savoir distinguer un brane-cantenac d'un lalande-pomerol les yeux fermés ? Ou bien était-ce les deux ?

A ce moment-là, quel rapport, quelle solidarité établir entre le crime commis par un Français au nom de la France à l'encontre de sous-Français ou de moins que Français, et cette façon si française de célébrer la France en buvant, mangeant et causant français à la française ?

Quant à laisser aux seuls morts le soin, le soin « revanchard », de poursuivre et juger eux-mêmes leurs assassins, ce souci de ne pas faire de vagues, d'abandonner les accès de fièvre « justicière » aux « constitutions » encore sensibles, aux consciences moins « sophistiquées » de nations plus « jeunes », ce point d'honneur mis à ne pas vouloir « remuer tout ça », ressortir ces « vieilles histoires », cette pose d'autruche amnésique, était-ce « plus », « moins » ou juste « aussi » français que la saucisse de Morteau sur son lit de pommes tièdes ?

Et du coup, cet art de vivre est-il la suprême récompense des grandes heures de notre génie national ?

Ou, au contraire, les bassesses dont le peuple français s'est rendu coupable ou complice ne sont-elles pas le prix exorbitant à payer pour que perdurent tranquillement nos grands crus et notre art de la conversation ?

Dans quelle mesure, je vous résume, René incarnait-il une « certaine réalité » de la France ?

Gontran Leblaireau se posait, le pauvre, toutes ces questions et, on peut raconter ce qu'on veut, à l'arrivée, ça change quelque chose au goût du pont-l'évêque.

D'un autre côté, bonne chère et cynisme savent bien s'accorder depuis belle lurette, et en France mieux qu'ailleurs – ça a un nom : la « Bourgeoisie ».

C'est bien français, ça aussi, la Bourgeoisie.

7

Les charmes décriés de la Bourgeoisie

Ah ! peste soit de ce René Bousquet. Comme s'il ne lui avait pas suffi d'envoyer à la mort quatre mille enfants de moins de treize ans (parmi lesquels deux mille de moins de six ans) – dont pas un, pas *un*, etc. !

Cinquante ans plus tard, dès lors qu'elle attestait de l'odieuse solidarité de caste qui l'avait si longtemps protégé des lois de la nation, sa réapparition surprise venait accuser le mou consensus matérialiste où se rassurait la « Nouvelle Société française » : quand bien même l'époque avait remplacé « Bourgeoisie » par « révolution » au ban des idéologies honteuses, tout, dans les mœurs des « élites » et les réflexes de l'argent, n'était peut-être pas aussi innocent qu'avaient pu le croire ceux qui, désormais à haute voix, rêvaient de singer les premières et d'acquérir les seconds.

Pire encore, la relative indifférence des populations à l'annonce d'une si scandaleuse impunité pouvait même, si l'on poussait le raisonnement jusqu'au bout, faire bientôt douter de la noblesse profonde – du moins de la vraie vigueur morale – de ce qui restait du caractère français.

Oui, peste soit de ce René Bousquet.

En plus de ses victimes d'antan, voilà qu'un demi-siècle plus tard, il venait, avec un égoïsme et un sans-gêne intacts, discréditer par la bande cette nouvelle identité sociale que comptait, à son retour, adopter le malheureux Leblaireau.

Gontran Leblaireau était né à Paris, y avait grandi dans l'un de ces foyers calmes et enveloppants qu'un sociologue rangerait sous la rubrique « classe moyenne cultivée ». Tout le préparait à poursuivre dans cette voie et rester sur cette étagère, jusqu'à ce que la mouche le pique d'aller vivre – assez vite confortablement – aux États-Unis. Oui, certains, c'est l'Asie, l'Afrique, l'Arabie comme Lawrence; Gontran Leblaireau, lui, ç'avait été l'Amérique. Sept ans, une épouse séduisante, belle, « bien née », et deux enfants en bonne santé plus tard, il rentrait au bercail s'atteler à des tâches amusantes et raisonnablement lucratives, bien décidé, comme nombre de héros de romans avant lui, à s'embourgeoiser.

S'embourgeoiser, c'est-à-dire adjoindre au confort qu'il avait toujours connu la conscience de l'avoir et l'attitude qu'elle dicte, comme il les avait chemin faisant observées chez encore plus « privilégié » que lui. La satiété envisagée comme, non seulement un dû, mais une science, une culture. Jusque-là, petit bourgeois, il n'avait manqué de rien – mais un goret dans une flaque pourrait en dire autant. Non, à l'aise, encore voulait-il apprendre à l'être en connaissance de cause et selon les règles à la fois piteusement conformistes et d'une délirante prétention : faire comme les autres mais, Dieu tout-puissant, pas n'importe lesquels : des « autres » triés sur le volet! – sans jamais pour autant relever du « commun ».

Cet apprentissage, cette conversion, il les envisageait d'abord, pensait-il, « pour le bien de ses enfants ». Comme tant d'autres avant lui, paniqué par la responsabilité d'être père, d'une part, et par ailleurs effaré de la méchanceté qu'il découvrait chaque jour à ce monde, naïvement sans doute, mais avec les meilleures intentions qui soient, il voulait « armer » sa progéniture. Lui déplier le plus large éventail social possible. Que l'argent et l'environnement pallient même au besoin les lacunes de sa propre stratégie éducative : faire grandir ses enfants en jeunes nantis, afin de les voir ensuite, l'âge venu, rejoindre en bonne place les stratosphères épargnées, et qu'il ne puisse dès lors être dit qu'il ne leur avait pas donné « ce qu'il y avait de mieux », à défaut du meilleur de lui-même.

Mais s'embourgeoiser, aussi, c'était une façon de vraiment rentrer en France, puisqu'en France, la Bourgeoisie – notion internationale s'il en fut – pouvait prétendre s'être réinventée sous forme de grand art. N'avait-on pas longtemps parlé de « France bourgeoise » avant d'y renifler des risques de pléonasme ? A l'inverse, la Bourgeoisie n'avait-elle pas trouvé en France, par ailleurs fille aînée de l'Église, l'agent providentiel de son épanouissement ? Se déclarer bourgeois, travailler à se rendre content de l'être, c'était souscrire aux aspirations nationales les plus générales et les plus attrayantes : « bien vivre », « bien être » – en se gardant surtout de donner un sens trop *Aufklärung* au souverain « bien » revendiqué ici. Mais quand même : entretenir une tradition. Vivre dans son pays. Et vivre avec son temps, tant il était clair qu'en « mûrissant », la génération de Gontran Leblaireau avait cessé, anciens « contestataires » en tête, de conspuer cette « classe dominante » assoiffée de sang, de sueur populaires, pour envisager plutôt une Bourgeoisie réhabilitée à l'usure comme le meilleur des modes de vie possibles. Sa modération même, en fait, celle qui en d'autres circonstances écœurait les avant-gardes esthétiques ou politiques, en refaisait, exactement comme cent ans plus tôt, le dénominateur commun des ambitions d'une époque échaudée par ses illusions de jeunesse. Ça, pour se retrouver « en phase », Gontran Leblaireau ne pouvait mieux s'y prendre.

S'embourgeoiser, enfin, « pour voir », appâté par ses lectures : la littérature française ayant, sur sa table de nuit, remplacé les westerns, Gontran Leblaireau projetait d'explorer la Bourgeoisie comme il avait jadis franchi le Mississippi. L'Art de vivre était un nouveau pays à visiter – en touriste : de même que, « là-bas », il avait veillé à ne pas devenir américain, Gontran Leblaireau n'entendait pas acquérir la pleine citoyenneté de ses nouveaux territoires de chasse. Il comptait bien, au contraire, s'embourgeoiser « his way », de façon sélective, libre-service, s'en tenant à une sorte d'hédonisme éclairé, de raffinement désinvolte, s'affinant le Goût, sans devenir pour autant une *Elle Deco victim*, une *Maisons & Jardins casualty*. L'Art de vivre à son service, et non l'inverse. Le confort, l'aisance sans l'idéologie conne et méchante qui allait avec. Pas impliqué, « au contrôle », comme disent les héroïnomanes qui prétendent pouvoir s'arrêter « quand ils veulent ».

Dans cet esprit, Gontran Leblaireau s'était donc arrangé pour frayer avec d'anciens ennemis de classe sans cas de conscience, sans se sentir rien trahir. Justification en or : il était là, mieux qu'en « touriste » – en esthète. Parfaitement ! Il ne l'aurait, on s'en doute, pas avoué à haute voix, mais, toutes proportions bien évidemment gardées, Gontran Leblaireau trouvait à sa démarche un petit je ne sais quoi « proustien », n'est-ce pas.

Proportions d'abord gardées, et fermement, par les systèmes solaires qui distinguaient les néo-bourgeois que son voyeurisme arriviste lui faisait fréquenter de la smala des Guermantes – même les Guermantes mésalliés, abâtardis, déclassés après que le prince épouse en deuxièmes noces la très « nouvelle riche » madame Verdurin. Dans le gentil ramassis de roture salariée, fût-ce grassement, que fréquentait Leblaireau, l'héraldique, l'onomastique ne pouvaient qu'être moins riches, l'étude de mœurs moins exemplaire.

Mais proportions gardées, surtout, par Gontran Leblaireau lui-même. Mis en présence de personnages aussi étoffés que ceux de *La Recherche*, il eût été bien en peine de voir ce qu'avait su en faire le Narrateur. Pour tout dire, en lisant Proust, celui des personnages auquel Leblaireau s'était le plus spontanément « identifié » n'était pas ce « je » qui, longtemps, s'était couché comme les poules, ce « je » si subtil, aux analyses si pénétrantes, mais ce butor de Bloch : gaffeur, grossier, outrecuidant, affecté du culot et de la grossièreté des timides, cuistre, pavané, inquiet, gros poisson à l'œil affolé sorti de l'eau calcaire de sa classe. Trop « intellectuel », soit, pour rester fourreur. Mais trop maladroit, trop balourd pour devenir mondain. Voilà, en effet, qui semblait à Leblaireau salement plus proche de lui que Charlus ou Norpois!

Certes, depuis quelques années, Leblaireau prenait de l'assurance, initié, dégrossi et surtout protégé par une épouse bien élevée – mieux que lui, assez pour racheter ses propres bévues.

Mais il restait au fond intrigué et secrètement bluffé par les gens capables de s'habiller avec soin, de s'intéresser à la décoration de leur appart', de brasser des affaires et de faire du calcul mental. Il éprouvait face à eux le même sentiment d'irrévocable infériorité, d'infirmité, de mutilation – et d'émerveillement – que s'il avait dû concourir à côté d'athlètes extraordinaires, détenteurs de records, dotés de corps, interdits au *vulgum pecus*.

Son projet, précisément, consistait à changer tout ça. S'aguerrir, se blaser, « à force ». S'initier à leurs codes, jusqu'à devenir capable, lui aussi, de jouer leur petit jeu.

Ainsi, son embourgeoisement consommé et admis, se voyait-il un jour sir Gontran, lord Leblaireau, sorte de des Esseintes père de famille, en robe de chambre dans le bureau bibliothèque du Leblaireau Estate.

Là, en veste d'intérieur et pantoufles de velours vénitien, il pourrait à loisir ranger, ouvrir, caresser des éditions rares. Noterait quelques impressions, les bons jours, en vue d'on ne sait trop quoi. Bibliophilie interrompue à cinq heures par l'accorte soubrette qui servirait le thé. Elle le sucerait pendant que l'infusion refroidirait – oui, c'est ainsi que sir Gontran aime son *orange pekoe* : versé après un nuage de lait. Puis, les balloches vides, il laisserait la bonne Célestine aller se gargariser à l'office et le maître reprendrait son ouvrage, sa réflexion, compléterait ses notes.

A sept heures, madame rentrerait de shopping, cul nu au-dessus de ses bas de soie et sous sa jupe de tailleur cher. Monsieur l'enculerait contre le bureau, la finirait à la main pour qu'elle ne soit pas en reste et que, dans le même état de « satisfaction » que lui, elle puisse déguster la vodka tonic apéritive qu'il leur préparerait. Puis ils iraient se changer. Embrasser leurs enfants, avant d'accueillir leurs invités du soir – à moins qu'au contraire il n'ait ordonné qu'on fît chauffer le moteur du coupé décapotable fabriqué outre-Manche et n'emmène madame « essayer » le nouveau restaurant à la mode. La vraie vie. Celle du loisir.

Tout au plus fallait-il, dans l'affaire, garantir certaines clauses – des détails, presque rien, une bête formalité : adonques, Gontran Leblaireau voulait s'embourgeoiser. Si fait. J'entends bien. Mais vous me la baillez belle d'assumer aussi péremptoirement : Un, que la Bourgeoisie, elle, allait vouloir de lui. Deux, qu'en découvrant la Bourgeoisie, Leblaireau allait aimer ce qu'il y trouverait. Il voulait, il voulait – quoi qu'on en dise à de crédules enfants, il ne suffit pas de vouloir dans la vie et, ma petite fille, ce qu'on veut n'est pas forcément ce qui nous convient le mieux. Et ça, mon biquet rose, mon lapin bleu, on ne te le répétera jamais assez.

8

Ji-eu-doubleuvé

Comment mieux vérifier si la Bourgeoisie conserve effectivement du charme qu'en fréquentant des bourgeois ?

Donc Gontran Leblaireau « sort ». Il s'assied à droite de la maîtresse de maison et étale sa serviette sur ses genoux lors de « dîners en ville », aussi pittoresques, dans leur genre, que les bayous ou le désert américains les premières fois qu'il y avait mis le pied. Comme Stanley pistant Livingstone, ou Zola en redingote, carnet à la main, dans les corons – ou les Marx Brothers au grand magasin –, notre homme Gontran s'en va rencontrer des lecteurs du *Nouvel Obs* domiciliés dans les VIe, VIIe et XVIe arrondissements de Paris. Parfois même ceux du *Fig' Mag'* – encore plus dépaysants ! La bonne conscience « gauche-œufs de lump », on connaît. Mais la relève de la droite traditionnelle vieille France, ça, mon vieux, c'est intrigant, quand on n'en fait pas partie ! Et, saura-t-on le croire, les plus « bien-pensants » des deux ne sont pas toujours ceux qu'on pourrait soupçonner ! Ha !

Par exemple, dans les semaines qui suivent le rapatriement du couple Leblaireau et son installation dans un immeuble neuf de ce que les romanciers du XIXe (siècle) appelaient le faubourg Saint-Germain, Mme Leblaireau rencontre, chez un commerçant du VIIe (arrondissement), précisément, une copine de jeunesse. Non ! Si ! Ça alors ! Tu n'as pas changé. Toi non plus. Oh ! mais tu habites le quartier. Tu étais à New York. Mariée ! Des enfants ! Mais c'est passionnant. Viens dîner à la maison. J'ai tellement parlé de toi à Jean-Denis – sans rire : le type s'appelle vraiment Jean-Denis. On pourrait penser qu'en vieillissant, une fois majeur, libre, le gars choisisse, répare : se fasse appeler soit Jean, soit Denis, mais pas les deux. Pas du tout. Ça ne le choque pas. Ça se trouve, il trouve même ça classieux, secrètement. Bref : écoute, c'est trop drôle, vraiment ! Se croiser comme ça. Je t'appelle dans la semaine.

Rentrée chez elle, Mme Leblaireau narre l'épisode à son époux. C'est comique : je faisais les courses, et puis... Palali, palala. Elle raconte, donc. Puis elle note : « C'est bizarre – elle dit qu'elle a parlé de moi à son mari. Moi j'avais même oublié l'existence de cette fille. Ses parents habitaient dans l'un des immeubles que possède mon père. Il voulait m'interdire de la fréquenter parce que c'était justement une " fille de locataire ". Du coup, bien sûr, j'en avais fait une copine. On sait jamais, après tout, ils sont peut-être sympas. Et puis elle, elle était marrante. Elle avait la pêche. »

De fait, peu après, M. et Mme Leblaireau se rendent à l'invitation qu'ils ont reçue dans la semaine. Une jeune femme les accueille. Blonde. Tailleur. Bijoux. Dans la famille Deneuve, je voudrais la copie ratée et mal dosée – surtout pour ce qui est des bijoux, en surnombre. Mais, comme s'en souvenait Mme Leblaireau, pêchue, ça, pas à dire. Une énergie et un sens pratique qui, lorsqu'on prétend comme elle les faire coïncider avec le bon goût qu'elle affecte par ailleurs, ne vont pas sans provoquer quelques contradictions dans le « profil » qu'on se compose – les premiers jurant çà et là avec les tonalités du second. Mais justement, avant d'avoir vu exactement comment les proportions s'organisent, le mélange peut *a priori* être intéressant. Va savoir, peut-être, après avoir paru « vulgaire », ces irréconciliables deviennent-ils secrètement « dialectiques », jusqu'à bricoler un caractère vraiment original.

Donc blonde, tailleur, bijoux. Dynamique. Bronzée en octobre comme si on était le 15 août (l'une de ces « fautes de goût » oxymorons dont nous parlions). Des rides esquissées aux « bons endroits », même si certaines semblent d'une profondeur un peu précoce, compte fait de l'âge qu'on donnerait à l'intéressée. Qu'à cela ne tienne, c'est cette avance sur l'horaire qui les rend captivantes. Ce sont comme des médailles. Des encoches sur la crosse du Colt d'un pistolero. On sent là une jeune femme « combative ». Directe. Contrastant si nettement avec la touche de jeune philistin mou, béjaune et veule de l'époux qu'on lui découvre vite, que la mollesse de celui-ci n'est peut-être après tout qu'affectation, un peu jouée, part d'un numéro de duettiste : elle les esbroufe ; il les endort. Mais en même temps, derrière ses lunettes, Jean-Denis doit bien réussir à voir ce qui se passe pour occuper le poste qu'il occupe (poste important, s'arrange-t-il pour qu'on sache vite) – ou ne serait-ce qu'avoir séduit cette créature clairement plus charismatique que lui.

Le bougre doit bien avoir quelque chose.

Que de prénoms à retenir, pour Leblaireau qui n'a pas cette mémoire. Se trouve en effet là un autre couple d'amis. Un grand bellâtre hâbleur et frisé et sa jeune épouse suédoise. Jolie et fragile, elle s'ennuiera toute la soirée sans que s'affaisse le moins du monde un joli sourire absent. Si on fait l'appel, on se trouve donc avec une improbable combinaison de types humains, mais c'est à l'évidence là le but du jeu – le secret de soirées réussies : les mélanges.

Exercice périlleux, c'est entendu. Un quitte ou double. Mais qui ne risque rien n'a rien.

Si le mélange est malvenu, la soirée sera une « catastrophe » : nulle et chiante – mais, si tu vas par là, guère pire que si Monsieur et Madame étaient restés chez eux regarder leur désir l'un de l'autre n'en plus finir d'être mort et enterré depuis des lustres.

Et si ça joue, alors là, bingo ! Là, socialement, tu ramasses : j'étais l'aut' soir chez les Machin – pardon ! Quels hôtes ! Délicieuse soirée : cuisine succulente, convives exquis – nous y avons croisé les gens les plus intéressants qui soient.

Les mélanges, donc. Les choux et les carottes sont connus, génération après génération d'écoliers primaires, pour ne pas s'additionner. Mais jetés dans la même casserole, à l'arrivée, ça ne peut pas être complètement indigeste – 'n'y avait que des bonnes choses dedans. Tout ça, bien sûr, en se souvenant quand même, comme disait Mallarmé, qu'un plan de table jamais n'abolira le hasard.

Et en signalant cette variante improbable : le mélange raté *exprès*. Le package fourre-tout. La tablée voiture poubelle où l'on entasse et rince une escouade de fâcheux avec lesquels on se doit, pas à tortiller, de disputer, même si ça fait chier, un match retour qui remettra les compteurs d'invitations à zéro.

Curieusement, la soirée qui commence semble à Gontran Leblaireau constituer, en tout cas du point de vue de l'équipe qui reçoit, un bizarre mélange des deux. Phénoménologie mondaine et « obligation » dont on s'acquitte. Au moins, comme ça, les choses sont-elles, sinon claires, du moins équilibrées, tandis que le maître de maison verse les « drinks » des nouveaux arrivants. Personne n'attend de miracle des heures qui vont suivre. Ça soulage les épaules, ça met à l'aise. On peut être soi-même, faire comme on sent, parler librement. Rien à perdre et Liberté sont synonymes, si t'écoutes quand Kris Kristofferson chante.

Mais d'abord et avant toute esquisse de conversation, comme il se doit, inspection de l'appart'. Hé oui! Obligado. A ne pas confondre cependant avec la visite « tour du probloc' » qu'inflige parfois l'emménagé récent avec une jubilation de parvenu. Nan. L'examen en loucedoc, à l'hypocrite. Coups d'œil sournois sur les bibelots. Commissaire-priseur d'un soir. Estimations approximatives. Les salauds, ils s'emmerdent pas. Ils en ont hérité. Pas possib' qu'ils se le soyent payé. Ou au contraire : oh les ploucs – c'est Ikea, ça. Trop radins, même pour de l'Habitat. Bien la peine de rouler en R25, les singes.

Pour illustrer, donner un exemple, « tiens », se dit Leblaireau, « pas de livres ». Mais ne soyons pas fascistes. Il y a des gens très bien qui ne lisent pas. Et tant de trous du cul aux bibliothèques bien garnies!

Des trucs aux murs. Mais sans cohérence, sans un Goût qui en justifie et résolve la disparité. Des trucs aux murs parce que « ça fait drôle » de n'en pas avoir. Mobilier d'époque. D'époques. Diverses et variées. Ni beau ni laid, plus bon genre que vraiment chic. Dans ces conditions, le tour de piste balzacien, l'ethnologie du living-room ne détournent pas trop longtemps Leblaireau des mondanités qui s'ébauchent autour de lui – même si, lorsqu'il s'y raccroche enfin, les rounds d'observation vont déjà bon train.

Jean-Denis travaille chez un roi du béton – pas au grand air, casque de chantier sur la tête –, dans un burlingue à faire j'achète-je vends et déjeuner « d'affaires ». L'autre, le grand gigolo à l'air fat, pointe chez un Géant du cosmétique vivisecteur – division des relations internationales, un truc vague dans ce goût-là. Sa Suédoise, elle, pour l'instant, se contente d'écarter les cuisses et de pondre neuf mois plus tard le polichinelle qu'il lui colle régulièrement dans la boîte à gants. Mme Jean-Denis, enfin, se consacre à un tapin plus facile à se représenter. Elle fait « relations publiques » pour des grandes marques de produits de luxe. Du carré de soie imprimé au tank à vitres fumées fabriqué outre-Rhin, en passant par le sent-bon copurchic. Tant que c'est « luxe », peu importe. Ça peut être des petits pois, pourvu qu'on les vende le prix des perles. C'est dire si elle connaît tout Paris, si c'est une femme courtisée et sollicitée ! Quelle farce ! Mais tout est relatif, comme on sait, et là, faute de grives, parmi les « même pas HEC », Leblaireau trouverait pour un peu les cocktails et les « voyages de presse » qu'elle cornaque vaguement funky, swing, presque « glamour », apr... –

« Et vous monsieur Leblaireau ? A New York, que faisiez-vous ? »

Mais si, mon pote, c'est bien à toi qu'on s'adresse.

« Heu... je travaillais dans le cinéma.

– Ah bon ? A la Ouarner ? »

C'est le bellâtre produits de beauté qui demande ça. Quelle idée. Pourquoi « la Warner », grand Dieu ! Heureusement que non, sinon t'aurais vu que ce con y connaissait quelqu'un, on était partis pour, à haute voix, « le monde, t'y penses, 'l'est quand même petit » et sous cape « hm-hm : collègue/subalterne/supérieur d'Untel – je situe mieux, du coup ».

« Warner Bros. ? Heu – non. Pas vraiment.

– Mais, s'avise alors le Bob relations internationales, Corto Maltese service plus, Honnête Homme au fait des choses de ce monde – non sans une esquisse de suspicion et d'ironie dans la voix, mais dites-moi, enchaîne-t-il, le cinéma, ce n'est pas plutôt sur la oueste causte que ça se passe ? »

Leblaireau le lui confirme.

« Si. Absolument. A New York, il n'y a guère que Woody Allen, Martin Scorsese, Spike Lee, Jim Jarmush, Francis Ford Coppola, Sidney Lumet et quelques autres qui fassent des films. »

Sarcasme gaspillé puisque le gars hoche la tête avec condescendance : « Oui, c'est ce que je disais.

– Et dans quelle branche du cinéma vous étiez ? bâille Jean-Denis.

– Heu – je travaillais sur des scénarios. »

Hé non monsieur ! Désolé ! Ce n'est pas la bonne réponse. Pour gagner l'épreuve et la curiosité, voire le respect, éventuellement la jalousie, de nos deux jurés de ce soir, c'est « directeur du marketing », « chargé de promotion », « directeur de la distribution » qu'il fallait répondre. Là, croyez bien que je regrette, mais le verbe « écrire » constitue une réponse éliminatoire. « Scénarios » ? Oh putain ! – ça va être la curée. Voici une boîte de notre jeu, deux billets entiers de la Loterie nationale et pour le reste, *you're on your own, pal*, je ne peux plus rien pour vous. C'est le jeu !

Le bellâtre barre la route à gauche, tapotant sa batte de base-ball dans le creux de sa paume : « Certains que nous aurions vus ? »

Retour en force de l'ironie – même plus de suspicion.

« Heu – ça m'étonnerait. »

Jean-Denis bloque le passage à droite, le soleil se prend dans la lame de son cran d'arrêt : « Essayez toujours. Sur quels " scénarios " avez-vous travaillé ?

– Ben, en français, ça donnerait *Le Pavillon des sidaïques, La Nuit des profanateurs de clubs privés, Femmes en prison III : la matonne gouine.* Plutôt ce genre-là. »

Toussotis, toussotas, souris blanche et face de rat. Sauf Mme Leblaireau dont les yeux rigolent dans leurs cils – mais qui pourrait aussi bien avoir honte, trouver que son époux les couvre de ridicule, ça dépend des soirs et de l'assistance –, et la Scandinave pâle qui sourit.

C'est le frisé, son mari, qui enchaîne, avec la même moue satisfaite que celle qu'il doit s'adresser lorsqu'il se croise dans la psyché de sa femme, penchée par ses soins dans le bon angle juste avant d'attaquer la jeune maman en levrette. Là, pareil : il rit de se voir si impérial, si romain dans son miroir intérieur.

« Ahem ! Hum – non, effectivement. Je ne me souviens pas de les avoir vus. »

Haussement de sourcils complice de Jean-Denis : « Hm – moi non plus. Je ne crois pas. »

Leblaireau les met à l'aise : « C'est normal, ils ne sont pas sortis en France. »

Case closed. Dossier Leblaireau refermé. Les usages auront été respectés. On aura fait cas de lui le temps d'un quart d'heure warholien. Mme Leblaireau, elle, est dispensée de fouille au corps et d'interrogatoire. Mme Jean-Denis aura renseigné tout le monde à l'avance : « Issue d'une famille sévèrement thunée. » Autrement dit, risette, affabilité. Soyez la bienvenue. Découvrons-nous des affinités. Et pour ce faire, si nous passions à nos grands airs connus ?

Chasses en Sologne. Roland-Garros. Trophée Lancôme.

Gontran Leblaireau se pince. Il ne rêve pas. Dès lors, c'est un plaisir qu'ils lui font. Il a envie de se lever et de remercier. Prononcer quelques mots pour dire qu'il est touché par la délicatesse de l'intention. Leur sens de l'hospitalité. Identifiant en lui le Huron, l'Ingénu, le Faubourien en safari « beau monde », ils mettent les petits plats de leur conversation bourgeoise dans les grands. Veillent à ressembler à l'idée qu'ils subodorent qu'il aurait pu s'en faire. Merci, vraiment. Mais à présent, je vous en prie, parlez normalement. Ne faites plus attention à moi. Faites comme vous feriez si je n'étais pas là.

Ils poursuivent.

Chasses en Sologne. Roland-Garros. Trophée Lancôme.

Cette fois, convaincu qu'ils ne jouent pas, Gontran Leblaireau peut sans remords les laisser continuer. C'est connoté, comme « thèmes », si tu veux, mais d'une part, quiconque entend s'embourgeoiser s'expose tôt ou tard à ouïr des bourgeoiseries – et puis surtout, ils ne font de mal à personne. Ça n'est pas bien méchant. Gontran Leblaireau est de bonne humeur. C'est, pour le coup, vraiment « exotique ». La première fois qu'il entend parler avec tant d'expertise et sous cet angle de chasses en Sologne, de Roland-Garros et du trophée Lancôme, dis donc ! Ça le change. Pour un peu, il ferait effort pour s'y intéresser.

Pas bien méchant, disions-nous ? Eh bien si, justement ! Ça l'est. Vous allez voir.

A propos de golf ou de courtines – Prix de la Tronche en Biais, Derby Finderace des Générés, quelque chose de cet acabit, on en vient un moment donné à évoquer Deauville. Deauville, commune du Calvados, arrondissement de Lisieux, à l'embouchure de la Touques, sur la Manche. Station balnéaire très réputée et très luxueuse – *Hist.* Elle fut créée en 1860 par le Duc de Morny. Deauville : sa marina gerbique, son cazingue, sa municipalité complaisante. Deauville. Oh putain ! T'aurais dit « Landru » ou « pensée », ils seraient pas plus haineux, brusquement ! Les bouches se tordent. L'écume leur pend aux lèvres. Les voix tremblent. On rigole plus, là. Le sujet est grave. Ils sont sérieux soudain. Le « Sentier », comme le kudzu en Georgie, a tout gâché. On leur a salopé la côte normande, dis donc ! Qui ça, « on » ? Bouge pas, ils le disent : les « sépharades ». Les sépharades, t'as noté. Pas les juifs. Pas les pieds-noirs. Les sépharades. Sauf que, tu les appelles comme tu veux, tes sépha-trucs, en attendant, là, je te dis pas comme ils ont les tympans qui vrillent ! Ouh ! Ça chauffe pour eux ! Mais même là, range ton flingue, pas de quoi adhérer à SOS racisme. Gaffe à l'amalgame ! Ce n'est pas être « antisémite » que d'avoir remarqué que les « sépharades » sont bruyants. C'est juste prouver que leurs vociférations n'ont pas encore réussi à te rendre complètement sourd. Bonne nouvelle, donc, en fait. Et là, du coup, même en les entendant dire « sépharades » comme leurs parents disaient « israélites » ou comme eux-mêmes savent aussi dire « maghrébins », même dans ce souci sourcilleux et pas dans leurs habitudes du « mot juste » prononcé avec des pincettes pour qu'il soit clair qu'on ne dit ni « crouille » ni « youpin », même là, bref, faute d'autres circonstances aggravantes à verser au dossier, pour peu que tu soyes bien luné, déterminé à considérer ce soir-là la vie du bon côté et l'Homme d'un iris favorable, ça reste clean. Kasher, presque.

A la bonne heure ! Juste, de quoi parlait-on avant les « sépharades », on pourrait peut-être y revenir. Oui, parce que les gourmettes en or grosses comme des chaînes de Harley aux poignets velus des marchands de jeans, les quintaux de carats sous lesquels ploient les dames – « de l'or, tout cet or », dit la jeune femme blonde assez fort toutefois pour couvrir le tintinnabulement de ses propres colliers, bracelets et pendentifs en métal plaqué jaune, « leurs femmes sont d'une vulgarité ! » (exquis, ce « leurs femmes », sans qu'on sache trop ce qui mérite le plus qu'on s'y arrête : « leurs » ou « femmes » ; « *leurs* », sans doute), tout ça, les barbes de rabbins, les redingotes et les papillotes dessinées dans l'air avec les mains et des grimaces (plus trop « sépharades », pour le coup, soit dit en passant, ces oripeaux-là. Pour qui se déballonne de dire tout simplement « feuje », « ashkénaze » fait parfois aussi l'affaire, mais bref), ça et le mot « Mercedes » prononcé comme « méchoui » ou « merguez », depuis cinq minutes qu'on y est, on a peut-être fait le tour. Vous avez vu un bon film récemment ? Parlons-en, parce que pour l'instant, si on arrête là, tout reste à peu près clean – oui, allez : kasher, presque.

Tss-tss. Dommage. Patatras. Ça dérape. Et dommage, ça l'est d'autant plus que c'est par la blonde bronzée que Leblaireau trouvait agréablement dynamique que ça se barre en couilles.

« Oh tiens, ça me fait penser, dit-elle. L'autre jour je vais au garage chercher ma BM' neuve avec mon immatriculation définitive. J'ai failli m'évanouir. Ils m'avaient collé une plaque " je sais plus combien – J.E.W-75 " ! »

Tollé d'indignation – d'horreur, presque, et de sympathie :

Oh!

Quelle honte!

Ma pauvre, c'est affreux!

Neuon!

La jeune blonde dynamique : « Hé si! »

Le bellâtre, pour sa Suédoise : « JEW, ça veut dire "juif" en anglais. » Elle hoche la tête en souriant, l'air de dire, mais trop bonne pour le dire vraiment, « no shit, Sherlock »! Lui, il prend ça pour de la gratitude enamourée par tant de générosité dans le savoir. Il lui retourne une mimique protectrice, l'air de dire : « Mais de rien. C'est tout naturel. N'es-tu pas ma chose? Mon jouet? Si? Alors! »

L'autre, la blonde immatriculée dans l'Étoile Jaune sur Seine, poursuit.

« Je leur ai demandé s'ils se foutaient de moi. »

Jean-Denis, en renfort, replaçant l'anecdote dans le contexte – général – sociopolitique du monde où nous vivons et des grands problèmes de l'heure :

« Non mais t'imagines, avec tous les attentats qu'il y a eu, récemment. Ces jours-ci, avec la guerre du Golfe... »

Conjoncture d'autant plus défavorable qu'ils se trouvent, Madame et lui, en première ligne : pire qu'à portée de Scud ou de caillou intifadesque : « Et l'ambassade de Tunisie qu'est à deux pas! Tu te rends compte. »

Il devrait faire gaffe à ce qu'il dit. Les convives vont prendre peur. Ils risquent leur vie en dînant si près de l'ambassade de Tunisie, à Paris, chez des suicidaires immatriculés « je ne sais plus combien-chien sioniste-75 », alors qu'à des milliers de kilomètres de là, Saddam conduit la mère de toutes les guerres! Sentant qu'il s'en faudrait de peu pour que la panique ne vide la table, Madame calme le jeu, rassure les familles : « Cela dit, le type du garage a été très bien. Quand il a vu ça, il a tout de suite compris. Il s'est excusé. Il était confus. »

Jean-Denis, patelin, débonnaire, prenant le parti d'en rire, comme un mari, à la fin, chez Feydeau, quand le malentendu a été dissipé ou qu'il a gobé tous les mensonges : « N'est-ce pas insensé ! Moi je ne l'ai pas cru quand elle me l'a raconté. »

Elle : « Ils m'ont bien sûr changé ma plaque. J'ai dit au type que ce n'était pas de sa faute, qu'il ne pouvait pas tout surveiller. »

Tout pourrait donc être bien qui finit bien. Mais pas si vite ! Le bellâtre ne l'entend pas de cette oreille. Sa stupeur passée, il veut comprendre, il réclame des têtes !

« Ça alors ! mais comment peuvent-ils ! Mais personne ne vérifie ces choses-là. C'est insensé. On croit rêver ! »

La blonde : « Le pire, c'est qu'ils ont une liste de mots à éviter comme CUL ou CON – ou je ne sais pas, moi – PUT. C'est un monde qu'ils n'aient pas pensé à JEW ! »

Consternation. Hébétude. On n'en revient pas. En 1990, que de telles bévues soient encore possibles. Penser à CON, à PUT, mais pas penser à JEW ! C'est à vous faire douter de tout. Étonne-toi après que ça soye la crise, que les Japonais nous enculent à sec et qu'on paye la poignée de gravier. Tiens, ressers-moi un coup, va ! Ça m'aidera à me remettre. On va pas laisser ça nous gâcher la soirée. Dessert. Cafés ? Moi j'en veux bien un si tu en fais, mais n'en fais pas exprès pour moi. Un déca, si tu as. Etc. Liqueurs hors d'âge. Et finalement, il n'est de bonne compagnie qui ne se quitte.

Au revoir. Merci. A bientôt.

« A bientôt », dit Gontran Leblaireau avec effusion.

On dit presque systématiquement « à bientôt » aux gens qu'on espère surtout ne jamais revoir. Ces fois-là, le « à bientôt » qui, normalement échangé par des gens désireux et assurés de se croiser sans tarder, s'énonce sur le ton du constat, sans trémolo particulier, cet « à bientôt », donc, quand la politesse nous a fait supporter un fâcheux sans broncher trop longtemps pour tout compromettre en fin de course et lui cracher son fait au visage, cet « à bientôt »-là se charge alors d'une chaleur excessive, inflationniste. On le chante. On le rit, presque, tandis que la main serre, prise d'une ferveur et d'une détermination qui dispensent de recommencer jamais, celle qu'elle aura agrippée pour solde de tous comptes, comme « une bonne fois pour toutes ».

« A bientôt. »

Et sitôt le dos tourné au coin de la rue, la vérité reprend ses droits.

« Quels sinistres cons, dit Mme Leblaireau. C'est vrai que là-bas, on avait oublié que ça existait. »

Oublié ! – Gontran Leblaireau n'avait jamais vraiment su.

« On avait oublié, mais ils existent quand même », dit Gontran Leblaireau.

Ji. Eu. Doubleuvé.

Eh ben. On n'est pas sorti de la merde, se dit Gontran Leblaireau. L'autre est pas près d'être jugé.

9

Truismes contre l'Humanité

« Et alors, la Troisième Guerre mondiale, vous voyez ça pour bientôt ?

– La Troisième Guerre mondiale, je ne sais pas, mais le moment d'ouvrir une autre bouteille, ça ne devrait plus trop tarder. »

Hé oui ! Impossible n'est pas français. Quelques mauvaises expériences ne suffisent pas à décourager Gontran Leblaireau. Ce serait mal le connaître. Ses missions de reconnaissance en territoire bourgeois n'allaient pas cesser pour si peu. Il est prêt à faire ses classes, essuyer quelques revers, assumer un raisonnable pourcentage de pertes. Fort d'une bonne volonté intacte, il compose donc des codes, pousse des portes cochères, se risque dans les vieux ascenseurs d'immeubles haussmanniens cossus, sis dans des quartiers résidentiels, à l'opposé des environnements par ailleurs favorables où il aura grandi. Le sentiment lui vient alors d'avoir parcouru du chemin, puisqu'il découvre de nouvelles choses.

Ce sont surtout les amis de madame, organisés en une sorte de cercle informel et décousu, une « petite bande » pour rester dans les références proustiennes, que le couple Leblaireau vient grossir à l'occasion. Voilà d'excellentes fréquentations : trentenaires et des poussières, professions libérales à coloration « artistique » : architecture – d'intérieur et travaux publics, on a les deux. Photographie. Graphisme. Presse féminine. Galeries d'art. Autant d'affaires et de bon goût ! A la différence de Leblaireau et de son roman-photo d'ablutions féminines, toutes ces activités peuvent revendiquer un semblant d'utilité publique dont sa « Marquise » cul nu serait bien en peine d'exciper.

Pour ne rien gâter, et conformément à la feuille de route sociale qu'il s'est rédigée, tous ces gens trahissent çà et là, au détour d'un réflexe ou d'une allusion, une ascendance un tantinet plus huppée que son propre biotope « petit épargnant fonctionnaire méritant ».

Ce soir, les hôtes se sont risqués à des mélanges. On n'est pas juste « entre intimes ». Leblaireau s'ennuie un peu.

« Ah, *Le Monde*, dit la maîtresse de maison. Même si on n'a hélas pas le temps de le lire chaque jour aussi exhaustivement qu'on l'aimerait, quel plaisir, chaque soir, ne serait-ce que de survoler deux ou trois articles – surtout ces jours-ci : le Moyen-Orient, l'URSS, c'est passionnant !

– La CEI, c'est assez ensorcelant », confirme le maître de maison, amateur d'art.

Ils ont de la chance. Pour sa part, c'est sans plaisir particulier que Gontran Leblaireau, depuis quelques semaines, garde un œil plus attentif sur la presse « sérieuse ». Il a pu ainsi lire dans l'édition du *Monde*, précisément, datée du 22 octobre 1990, un article concernant cette « affaire » qui ne laisse, malgré lui, presque, de le préoccuper.

« Me SERGE KLARSFELD MET EN CAUSE
M. GEORGES KIEJMAN
À PROPOS DU DOSSIER BOUSQUET

« Me Serge Klarsfeld, président de l'association des Fils et Filles des déportés juifs de France (FFDJF), a réagi très vigoureusement, dimanche 21 octobre, contre l'analyse du parquet général de Paris selon laquelle les faits de crimes contre l'humanité dont est accusé M. René Bousquet, qui fut secrétaire général de la police d'avril 1942 à décembre 1943, relèveraient de la seule Haute Cour de justice créée à la Libération. “ *Ce revirement*, estime Me Klarsfeld, *ne s'explique sur le fond que par une volonté politique au sommet de ne pas voir jugée l'action antijuive du gouvernement de Vichy, de sa police et de son administration.* ”

« Selon Me Klarsfeld, cette “ *brusque volte-face* ” du parquet général “ *qui prend ses instructions à la Chancellerie dans une pareille affaire, s'explique dans la chronologie par le changement intervenu le 2 octobre à la tête du ministère de la Justice* ”. “ *Un fils de déporté juif était ministre de la Justice quand le chef de la Gestapo de Lyon a été ramené en France pour y être jugé. Un fils de déporté juif a été nommé ministre délégué à la Justice pour assurer l'impunité du chef de la police de Vichy* (NDLR : M. Georges Kiejman). *Si l'association des Fils et Filles de déportés juifs se trompe, elle qui, dans son argumentation à l'égard du personnel politique de Vichy, explique toujours qu'il était possible par la démission de ne pas participer à des actions déshonorantes, elle souhaiterait que M. Kiejman démissionne pour que son nom ne soit pas mêlé à l'enterrement du dossier Bousquet.* ” “ *Mon engagement au sein du gouvernement est un engage-*

ment général qui va bien au-delà de ma condition de fils de déporté, lui répond M. Kiejman dans une déclaration au quotidien *Libération. J'estime donc (...) que malgré toute mon estime pour Serge Klarsfeld, je n'ai pas de leçon à recevoir de lui. (...) Il faut également prendre conscience que, au-delà de la nécessaire lutte contre l'oubli, il peut paraître important de préserver la paix civile. Il y a d'autres moyens qu'un procès pour dénoncer la lâcheté du régime de Vichy.* " »

De quoi donner tout son sens à l'encadré qui figurait dans l'édition de la veille.

« UNE MISSION DE LA FÉDÉRATION INTERNATIONALE DES DROITS DE L'HOMME
" UNE VÉRITABLE SOLIDARITÉ DE CLASSE "

« Deux avocats étrangers, dont un ancien ministre, ont séjourné en France du 15 au 22 octobre à l'initiative de la Fédération internationale des droits de l'homme (FIDH) pour s'informer de l'état des procédures judiciaires ouvertes pour " *crimes contre l'humanité* " à l'encontre de MM. Maurice Papon, René Bousquet et Paul Touvier.

« Présentant, jeudi 18 octobre, à la presse, les conclusions de cette mission exceptionnelle, Me Yves Jouffa, président de la Ligue des droits de l'homme, a dénoncé dans ces trois affaires " *l'absence de volonté politique d'aboutir* ". " *Ces trois procès sont au point mort, alors que quarante-cinq ans se sont écoulés*, a-t-il poursuivi. *Je pense que ce n'est pas un hasard si ces personnes n'ont toujours pas été jugées. Elles ont occupé des postes de très haute importance dans la politique, dans l'administration, dans les affaires. Je pense qu'elles bénéficient d'une véritable solidarité de classe. On ne poursuit pas un homme qui a été ministre ou préfet de police, car il fait partie d'un milieu qui ne souhaite pas qu'on lave le linge sale.* "

« Mes Magalhães Mota, avocat et ancien ministre portugais et Gunnar Nerdrum, avocat international, norvégien, sont restés plus réservés. Ils ont constaté " *la lenteur inhabituelle des procédures* " et se sont interrogés sur " *leur conformité avec les dispositions de la Convention européenne des droits de l'homme* ".

« Soulignant que " le procès Barbie avait été mené dans des conditions exemplaires ", Me Mota a estimé qu' " *en France il y a peut-être deux poids et deux mesures* ". " *Il faut se demander pourquoi les procès dans lesquels des Français sont inculpés durent des années (...) pourquoi dans ces affaires les initiatives viennent toutes des parties civiles, pourquoi aucune d'elles n'a été prise par l'État français* " », a-t-il ajouté.

« Chaque fois que je pars en vacances, déclare à présent la maîtresse de maison, je me reconstitue une bibliothèque – tant pis si je n'ai pas le temps de tout lire, ça ne fait rien, les livres sont là. Ils m'entourent. »

Le Monde, les livres envisagés comme des dieux lares – cette femme aime le papier imprimé et juge visiblement flatteur que nul ne l'ignore.

Le curry préparé par la nouvelle bonne à tout faire remporte un vif succès.

« C'est une perle, celle-là. Vous devriez la garder.

– Oui, mais elle ne sait pas préparer grand-chose d'autre. On ne peut quand même pas manger du curry tous les soirs ! On n'est pas en Inde !

– Ça, encore, ce n'est rien. Mais elle repasse très mal !

– Ah, ça, le repassage, c'est un drame. Plus personne ne sait ! »

Et alors, va savoir pourquoi, va savoir comment, Gontran Leblaireau n'y est pour rien, il le jure, ce n'est pas lui qui met ça sur le tapis, mais on se prend soudain à évoquer René Bousquet ! Peut-être a-t-on simplement lu les mêmes journaux que Leblaireau. Qu'importe. Toujours est-il que René surgit au détour de la conversation. Et tout indique qu'on va rapidement passer à autre chose tant l'assemblée unanime semble trouver aberrant que ce triste sire s'en soit si bien tiré, scandaleux que le pouvoir traîne ainsi des pieds pour le juger enfin à la mesure de ses crimes, et urgent que l'abcès soit vidé. C'est compter sans le goût du paradoxe et l'esprit de synthèse d'un convive lunetteux, à qui toute cette « political correctness » paraît trop simple pour être honnête. Cet esprit exigeant occupe de hautes responsabilités dans une banque d'affaires, voyez-vous. C'est un homme de contrats, que ce soit bien clair, payé pour n'avoir d'yeux que pour « la ligne du bas », le nombre de zéros, les clauses rétroactives, les faits et l'horloge qui ne laisse pas de temps aux états d'âme, au romantisme. Et là, ce légiste du dimanche flaire un loup : la notion de « crime contre l'humanité », c'est flou. Une loi « d'exception », comme les célèbres tribunaux du même nom. Ce n'est pas en « bricolant le droit » que le droit « triomphera ». On ne juge pas cinquante ans après un homme déjà jugé, même à la va-vite. Le remède à cette mauvaise justice serait pire que le mal. Notre démocratie, notre Code pénal y perdraient en crédibilité. Qu'on n'aille pas, bien évidemment, le soupçonner de sympathies pour l'accusé. Il l'abhorre autant, sinon plus, que chacun dans cette pièce. Tout juste voit-il plus loin, lui. Et ne s'arrête pas à la légitime, mais naïve, soif de « jugement » qui semble dessécher l'assistance. Même la valeur cathartique du procès en question le laisse sceptique. Le seul exemple donné, en l'occurrence, au monde et à l'avenir lui paraîtrait celui d'une démocratie qui « tripatouille » ses codes et ses lois, précisément comme le régime qu'elle voudrait condamner.

C'est ça qu'il dit, lui. Protéger, malgré elle, fût-ce au prix d'une frustration, la France d'elle-même et de l'opprobre qu'un tel procès, aussi « artificiellement » rouvert, jetterait sur nos institutions et notre identité. On ne légifère pas avec de bons sentiments. Tout cela, joliment dit, ébranlerait presque quelques âmes sensibles dans l'auditoire, les laisse songeuses.

« C'est un gros tissu de conneries », dit Gontran Leblaireau.

Silence.

L'assemblée se tortille sur son siège, comme au cinéma, à l'approche d'un morceau de bravoure. Oh putain! Leblaireau, le banquier d'affaires, 'crochez-vous les mecs! Ça va sharkler! Du sang, nom de Dieu! De la chique et du mollard!

« C'est un gros tissu de conneries », a dit Gontran Leblaireau.

Le banquier a une petite moue pincée et amusée. Le turlupin, le rigolo de service, s'aventure sur son terrain! L'insensé! Peut-être serait-il plus loyal de le prévenir, comme font les ceintures noires quand une petite gouape les provoque : Écoute, mon vieux, avant d'aller plus loin, il faut que tu saches : pendant que tu rédigeais de fausses « lettres de femmes » pour la rubrique « courrier » de torchons pornographiques, j'obtenais ma capacité en droit avec mention. Sans doute est-il encore temps d'empêcher le massacre. Tenons-nous-en là. Après, il sera trop tard. Ce sont des questions graves, là. Complexes. On ne les règle pas en deux ou trois bons mots. Contente-toi de tes cothurnes à grelots, de ton bonnet à clochettes, et laisse toques et perruques à la magistrature et aux esprits sérieux. Mais tu t'obstines, malheureux. Inch Allah. Tu l'auras voulu. Ah ! Seigneur, ne me laissez pas succomber à la tentation, donnez-moi la force de me montrer clément quand ce drôle sera à terre, livré à ma merci.

Le silence règne, le sourire circonspect du banquier est une invite. Leblaireau s'y colle.

« Donc, cette notion de " crimes contre l'humanité " qui te semble si spécieuse, mais qui permettrait de juger Bousquet aujourd'hui, n'existait pas à l'époque de ses crimes ! Elle n'existait pas non plus lors de son premier procès. Et la loi dit qu'on ne peut pas être jugé deux fois. Et la loi dit qu'il y a, un jour, prescription. Parfait. Seulement, au juste, qu'est-ce que la loi ? » Le banquier se retient de pouffer. Seul un sourcil sursaute. Monsieur le président, chers collègues, Gontran Leblaireau va nous – ha ! ha ! ha ! elle est bien bonne – Gontran Leblaireau va nous – ho ! ho ! pardonnez-moi, mais c'est la meilleure que j'entends depuis longtemps – Gontran Leblaireau va nous dire « ce qu'est la Loi ». Par pitié, n'éclatez pas de rire tout de suite. Cela nous priverait d'un morceau d'anthologie. Allez-y, Leblaireau. Nous vous écoutons.

« Si on laisse de côté Moïse gravant les Tables au sommet de la montagne sous la dictée divine, la Loi, depuis, c'est une fiction, une construction de l'esprit humain qui tente d'imaginer une société qui fonctionne. Donc, comme toute fiction, la Loi obéit à des critères de vraisemblance. Pas plus qu'en matière romanesque, ces critères n'ont quoi que ce soit d' « absolu » et de définitif. Ils évoluent avec l'histoire générale de l'humanité et celle des sociétés particulières. La loi française est, dans son principe délibérément idéal, celle d'un pays d'où Attila le Hun est reparti depuis longtemps... Celle d'un pays où la barbarie de masse n'est plus qu'un fait exotique, un trait qui précisément le distingue de contrées moins civilisées. Quand cette loi dit qu'on ne juge pas deux fois pour les mêmes faits, quand elle dit qu'un jour, il devient trop tard pour juger des faits devenus trop anciens, elle pense à des voleurs de poules, à des braqueurs de banques, à des cocus, assassins par amour – elle pense même à Landru, à Petiot, à Patrick Henry, tous coupables de crimes qui souvent feront dresser les cheveux sur la tête, parfois inspireront de vains débats affolés sur le Bien, le Mal, le Diable, la Nature humaine, mais qui, vaille que vaille, pourront toujours relever de la compétence d'un jury populaire et d'un magistrat payé pour. La preuve en est : que peuvent des jurés habitués à des assassins domiciliés au 21 face aux diverses déclinaisons d'un génocide ? Que peut une loi prévue pour des crimes passionnels ou des vols de bijoux face à des peaux de bébé transformées en abat-jour ! Rien. *(Pause.)* Du coup, puisqu'elle ne convient pas, eh bien, tout naturellement et Dieu merci, on la change. On y introduit, par exemple, la notion de « crime contre l'humanité ». Et on rejuge un type, même cinquante ans après. Tu vas rentrer chez toi, tout à l'heure. Ta fille dort. Va la regarder. Regarde-la bien. Imagine-z'en 4 000 comme ça. Dans le train d'abord. Dans le four ensuite. Et dis-moi si dans trente, dans quarante piges, il sera trop tard pour juger le responsable – ne serait-ce que, faute de mieux, pour empêcher qu'on dise que les responsables de ce genre de choses l'emportent au paradis. »

Leblaireau a fini. Le banquier essuie ses lunettes avec la nappe.

« C'est intéressant, dit-il. Effectivement. C'est un point de vue qui pose de bonnes questions. Mais c'est un point de vue d'anar de droite. C'est même typique : les anars de droite mettent un point d'honneur à conchier les lois. Mais quand, par extraordinaire, ils se mêlent soudain d'en réclamer l'application, c'est toujours sur un mode contraire aux fondements démocratiques. »

L'expression « fondements démocratiques » est une perche piégée que Leblaireau a le bon sens de ne pas saisir. Il ne répond pas. Du moins pas avant de savoir qui a gagné cette manche. Qui la foule va-t-elle plébisciter ?

Qui l'a le mieux haranguée ?

On ne saura jamais. Assommée par les trémolos indignés d'un Leblaireau qu'elle a connu plus drôle, l'assistance a progressivement quitté la table pour aller s'éparpiller au salon. Le banquier et Leblaireau se trouvent soudain un peu bêtes, d'avoir parlé si fort. Leblaireau, surtout, qui tout à sa tirade n'aura pas vu son auditoire se clairsemer en douce. Ne s'aimant pas assez l'un l'autre pour avoir envie de se convaincre, faute d'arbitre qui les départagerait, les deux bretteurs n'ont pas besoin de se le dire pour décider d'en rester là. Au salon, un joint circule. René est loin.

On tire des taffes. On délire. On consulte discrètement sa montre. On prend congé. Leblaireau et le banquier se serrent la main et se disent à bientôt. Autour d'eux, on promet de « s'appeler ».

Dans leur automobile qui roule dans la ville endormie, M. et Mme Leblaireau gardent d'abord le silence. Enfin monsieur se lance :

« Mais quel con !

– Oh, je t'en prie, siffle madame, ne m'en parle pas. C'est toi qui as été odieux pendant toute la soirée. Pour qui te prends-tu, vraiment ! Ce n'est pas parce que tu as des complexes que tu es obligé d'être agressif.

– Non mais, attends, excuse-moi : ce con m'a quand même traité d'anar de droite, dit Gontran Leblaireau.

– Et alors ? » demande Mme Leblaireau.

10

Heili à l'eau

Le revolver était un Mauser S329 équipé d'un silencieux. Une arme que Kurt Meigross connaissait bien. En contrebas de la loge, la scène de l'opéra de Beistagen-Berthkeuschtadt était plongée dans une obscurité quasi totale. C'était le grand air de la noyade, quand Hansel appelle Heila au secours tandis que Heili se noie : « Heili à l'eau, Heila ! Heili à l'eau, Heila ! »

Combien de fois Kurt Meigross n'avait-il pas joyeusement vociféré ces quelques mesures sous la douche ou en fin de repas ! A présent, les vocalises tonitruantes et les grands coups de cymbales allaient couvrir sans peine le « plop » sourd du silencieux braqué sur lui.

Le gros Allemand roulait des yeux affolés, toute trace de désir y avait disparu. Que ne s'était-il méfié ! Cette femme brune et bronzée était trop jeune et trop belle pour lui. Sa docilité aurait dû lui mettre la puce à l'oreille. Mais peine perdue. Regrets inutiles : quand bien même aurait-il eu des soupçons, il n'aurait vu, chez cette fille comme chez tant d'autres avant elle, qu'une petite pute intrigante motivée par son argent et son pouvoir. L'ancien Oberschmurtzführer *du camp de* Schweissenaü *n'était-il pas un capitaine d'industrie puissant redouté, maire d'une paisible et proprette petite communauté bavaroise ? Depuis longtemps, son statut compensait auprès des femmes l'ingratitude de son physique massif et porcin, ou l'âge qu'il commençait à prendre. Peu, dès lors, lui importait qu'elles feignissent l'envie de lui ou le plaisir, tant que celui qu'elles lui procuraient répondait à son attente. A ce point de son existence, Kurt Meigross se souciait peu d'être « aimé ». Le loisir de souiller et malmener de jeunes corps suffisait amplement à son bonheur. D'ailleurs, celle-ci n'avait pas protesté lorsque sa grosse main pleine de doigts s'était posée sur son genou, remontant jusqu'à la lisière du bas. Si son secrétaire n'était pas entré dans la loge à cet instant précis, il se serait même aventuré plus haut. Il aurait dû. Cela lui eût au moins procuré une dernière satisfaction. Car à présent, le fidèle Otto était ressorti et la jeune femme brune allait l'abattre, c'était clair.*

« Mais pourquoi ? » balbutia-t-il.

Comment, après tout ce temps, eût-il pu rapprocher ses crimes de jeune homme de la sentence qu'allait exécuter l'ensorcelante créature qui lui faisait face ?

Les yeux verts de cette dernière se strièrent d'éclats dorés : « Il faut quand même payer un jour », lâcha-t-elle d'un ton posé.

En contrebas de la loge, Herbert von Kachofönn, le chef d'orchestre, venait de prendre une grande inspiration, gonflant son plastron, levant les bras comme un aigle qui déploie ses ailes, prenant son élan avant de déchaîner le célèbre philharmonique de Beistagen-Berthkeuschtadt à l'assaut de l'allégro.

Kurt Meigross revit soudain sa vie défiler devant lui. Elle lui fit peur. Et puis plus rien ne lui fit plus rien. Des bouts de son cerveau malade, emportés par la cartouche à grande vitesse initiale qui venait de le trépaner à bout portant, dégoulinaient sur le velours tendu le long des parois de la loge.

La jeune femme brune était déjà sortie du petit opéra construit sur instruction de Louis II de Bavière quand le corps inerte du gros fridolin dégringola finalement au bas de sa chaise.

11

Même pas un antihéros!

Point de vue de lecteur :

Fabrice agace au début de *La Chartreuse* – cette façon de demander s'il est à Waterloo alors qu'à l'évidence, dans la morne plaine qui l'entoure, comme une onde bouillant dans une urne trop pleine, la pâle mort fait rien qu'à guetter les sombres bataillons.

La mièvrerie du Narrateur rebute quand on commence *La Recherche*. Moman par-ci. Moman par-là. Moman, bisou, sinon je dors pas. Gnagnagna. Non, mais qu'est-ce qui nous a foutu une fiote pareille! Lâche-la, ta reume. L'est en train de sucer ton vieux sous la table. L'a la bouche occupée. Tu comprends qu'elle puisse pas en même temps venir te faire des mamours sur ton petit front de lopette, non ?

Bien sûr, après, cela change. Fabrice devient le jeune homme idéal vers lequel tout mâle adulte aura tendu en vain. Et l'intelligence extraordinaire de ce « Je » qui se souvient et analyse laisse pantois, rend humble.

Or, sans avoir de quoi, ici, augurer d'un tel revirement, nous redoutons de voir notre Gontran Leblaireau crisper, navrer, lasser déjà le lecteur. Quelle lubie le prend donc de s'obséder ainsi d'événements – tragiques, certes, ô combien déplorables, mais lointains, nom d'un petit bonhomme! Quand on n'a pas les nerfs qu'il faut, on ne se mêle pas d'Histoire de France. On laisse ça à d'autres. Qu'il grandisse, bon sang! Qu'il ouvre les yeux : l'homme est un enculé de sa mère pour l'homme; là ou il y a de l'homme, il y a de l'hommerie. Des massacres, il y en a eu, il y en a, il y en aura toujours. Quelle chiffe!

A la décharge de Gontran Leblaireau, il ne manque, dans ce qui l'obnubile, de bonnes raisons de s'offusquer. Résolution fut prise, en commençant, de ne pas entrer dans le « détail » – toujours ce mot! – des atrocités. Il y en eut tant; on n'en finirait plus. Mais qu'on se convainque qu'il nous serait cependant facile de faire dresser les cheveux sur la tête. Les témoignages sont là, ils existent. Même en divisant l'horreur par deux, ça reste sportif, velu. Loin de nous l'idée de menacer le lecteur – mais s'il ne cesse pas vite de reprocher au personnage son « hyper-émotivité » pour admettre à la place la *conséquence* de ce qui l'exacerbe, c'est sans hésiter que nous lui infligerons des « scènes d'action ».

Les « expériences » sur femmes enceintes à Birkenau, je vous garantis, ça ne se lit pas en mangeant, ni trop près des repas. Avant, ça coupe. Après, ça plie en deux.

Il verra, alors, ce lecteur difficile, si Leblaireau « en fait trop ».

Notre héros n'est ni Rubempré, ni Jean Valjean, ni même Francis Coplan. Sa vie n'a rien de passionnant. Ses aspirations sont mesquines, ses fantasmes convenus. Le rapport que nous en rendons n'a rien d'épique, certes, mais là n'est pas l'important. Endure, lecteur, ce livre qui te déroute. Il t'exaspère et pourtant quelque chose t'y renvoie.

Demerdieren Sie sich.

12

Une héroïne nationale

Le revolver était un 357 « Dickheads' Waster ». Le gros Saoudien roulait des yeux affolés, toute trace de désir y avait disparu. Que ne s'était-il méfié! Cette femme blanche était trop belle pour lui. Sa docilité aurait dû lui mettre la puce à l'oreille. Elle n'avait pas protesté lorsque sa grosse main pleine de doigts s'était posée sur son genou, remontant jusqu'à la lisière du bas. Si le serveur n'était pas arrivé à cet instant précis, il se serait même aventuré plus haut. Il aurait dû. Cela lui aurait procuré une dernière satisfaction. A présent, la jeune femme blonde allait l'abattre, c'était clair.

« Mais pourquoi ? » balbutia-t-il.

L'ensorcelante créature battit des cils. Ses yeux verts se strièrent de doré.

« Il faut quand même payer un jour », répondit Catherine Deneuve.

Les Américains appellent « exploitation » ce que nous rangeons sous la rubrique « romans de gare » ou films de série Z. Autrement dit tout ce qui, en marge de l'art respectable et des avant-gardes de bon aloi, « exploite », au sens le plus mercantile du terme, un sujet, l'idée que le grand public s'en fait et l'envie sourde et secrète qu'il en a.

Au cinéma l' « exploitation » connut des bonheurs divers plus ou moins clandestins pendant les années du muet et les débuts du parlant. Mais c'est surtout après la guerre, vers la fin des années 50, qu'une poignée de gais lurons s'aventura à « exploiter » au grand jour ce que l'*establishment* hollywoodien n'avait pas déjà trait jusqu'à la dernière goutte.

Dès lors qu'il s'agissait toujours, d'une façon ou d'une autre, de « sexe », encore fallait-il déjouer la vigilance de la censure. On représentait ainsi certains comportements pour en « dénoncer les dangers », à fin d'édification d'une jeunesse « menacée ». Un autre subterfuge, presque aussi courant que le film « éducatif », consistait à emballer la *sexploitation* dans le papier à en-tête universitaire d'un faux documentaire. Lequel, sous couvert d'exactitude « scientifique », faisait défiler autant de poitrines nues que l'écran pouvait en accueillir, à la seule condition, mais expresse celle-là, qu'aucune d'entre elles ne soit indo-européenne. Ces messieurs de l'Amérique *de profundis* révélèrent ainsi d'insoupçonnées curiosités pour les folklores bantous et la vie quotidienne de villages tahitiens.

Au début des années 60, le « sexe » cessa de suffire. On y mêla alors de la violence dans des proportions qui, en variant d'un film à l'autre, engendrèrent quelques genres auxquels Aristote, le pauvre, n'avait pas pu penser : les films de femmes en prison, les films de délinquants juvéniles, les films d'amour à la plage, les films de motards, les films sur le LSD. Et toutes les combinaisons possibles : sexe et LSD sur la plage. Sexe et délinquance juvénile à moto. Femmes motardes friandes de LSD jetées en prison après s'être arraché un maître nageur sur une plage.

A ce jeu, même les Noirs furent – mais pour le coup, il s'agit d'une « exploitation » quasiment inscrite dans le programme génétique du pays – mis à profit, lors de la vogue des *blaxploitation movies.*

D'une qualité fournissant pour le moins matière à débat, ces films avaient au moins, fût-ce pour de mauvaises raisons, l'avantage d'être « en phase ». D'« exploiter », certes – et encore, on l'a compris, ni plus ni moins que les productions Disney n'abusent les jeunes imaginations –, mais au passage de chroniquer à chaud ce qui intéressait vraiment les gens, d'accuser réception d'une « culture » où la culture sans guillemets ne serait pour rien au monde allé tremper sa bite.

Catherine Deneuve rangea son arme dans son sac Hermès lance-roquettes et s'éloigna à pas énergiques, ses talons résonnant agréablement sur l'asphalte mouillé.

Elle avait beau nourrir une sainte horreur de la violence, sa double vie la contraignait trop souvent à dépasser ses répulsions. Du moins se consolait-elle en se disant que chacune des existences qu'elle avait dû jusque-là écourter n'avait valu que des malheurs à ceux qui en avaient croisé le cours. Chaque fois, il s'agissait de crapules, d'assassins sans remords et, pire encore, de farouches ennemis de notre pays.

Le choix lui eût-il été laissé qu'elle aurait préféré couler des jours paisibles au milieu de ses fleurs. Mais les parterres qui lui procuraient tant de plaisir se révélaient plus ruineux que les tapis verts des casi-

nos. Ses cachets cosmétiques payaient le terreau et l'engrais. Mais l'entretien de sa coûteuse roseraie obligeait cette passionnée de jardinage à accepter des missions aussi périlleuses que bien rémunérées.

Au moins était-ce pour la plus belle, la plus grande des causes : entretenir le prestige de la France à l'étranger – chaque jour moins rayonnant que la veille, au train où allaient les choses. Sa couverture était parfaite. C'est sans éveiller le moindre soupçon que la star internationale parcourait le monde pour promouvoir des films ou sa marque de parfum. Qui eût soupçonné une innocente comédienne ?

Pendant son séjour américain, Gontran Leblaireau travaillait dans l'*exploitation movie business.*

Assez vite, il s'était spécialisé dans le détournement de grands et petits « classiques » du patrimoine littéraire mondial – libres de droits, donc de tout risque de procès et, en cas de fureur bien-pesante, propices à de fumeux alibis situationno-postmoderni-contre-culturels.

Pour le coquet bénéfice du producteur indépendant qui l'employait, il inaugura ainsi une série de films dont le plus achevé reste *La Nuit des profanateurs de clubs privés*, réactualisation gangster rap, prémonitoire des émeutes raciales de Los Angeles, du *Grand Braquage*, nouvelle oubliée de Dashiell Hammett. Il fit aussi merveille en « exploitant » la hantise, à l'œuvre en tout un chacun, de se voir un jour incarcéré. Il signa notamment un croisement de Soljenitsyne et du *Shock Corridor* de Samuel Fuller, frotté à un fléau plus « pop » que le cancer et intitulé, au grand émoi des organisations de malades, *Le Pavillon des sidaïques* (Hommes en prison). Mais

ıins polémique qu'il réserva à
le motif aussi figé qu'inépui-
femmes : *La Matonne gouine.*
veille l'Infirmerie. La Matonne
.

de lui épargner la vraie vie
ise, son faux métier le coupait,
l rapportait, des grilles, des cri-
de mesure de la population –
:cupés à de vrais emplois, se
:ur front pour leur pauvre bout
ges, dès lors, condamnaient presque Gontran Leblaireau ne serait-ce qu'à la plus élémentaire des grandeurs d'âme. Confronté à l'Indigne, il semblait légitime que l'auteur du *Pavillon des sidaïques* s'indignât et eût été scandaleux qu'il ne s'indignât point ! A défaut de noblesse, son confort l'y obligeait.

Quelqu'un qui ne produit rien a beau jeu de « penser » au-dessus des vicissitudes quotidiennes. Si ceux à qui le réel en laisse le loisir ne prennent pas la peine d'être « politiquement corrects », chatouilleux, de « faire des questions de principe » à propos de tout et n'importe quoi, qui le fera ! Certainement pas le matricule sacrifié qui lime la tôle huit heures par jour. Confort oblige, assurément.

Dès lors, au vu des activités passées et présentes de Leblaireau, il était de bonne guerre que le remords de son inutilité le visitât parfois. Qu'il veuille, « à côté de ça », lui aussi, faire œuvre utile. C'est la conscience apaisée qu'il repartait ensuite exercer sa coupable industrie.

Même si c'était l'unique moyen de décapsuler une bière à cent vingt miles à la ronde, le Kinky Kanga-

roo n'avait rien d'engageant. Une sorte de long parallélépipède préfabriqué gardé par deux vieilles pompes à essence.

Derrière le bâtiment, une dizaine de caravanes s'étaient regroupées, dans une dérisoire ébauche d'agglomération. En fait, ces trailers disposés comme des dominos abritaient surtout les passes qu'une dizaine de putes aborigènes et deux Blanches sur lesquelles personne n'aurait ne serait-ce que pissé à Sydney ou à Melbourne enchaînaient les soirs de paye des mineurs. En ce lundi soir, le silence régnait et les caravanes ne tanguaient pas comme les nuits de partouze. Plus loin, des carcasses de pick-up trucks rouillaient sous une croûte de poussière de cuivre transportée par le vent depuis les mines à ciel ouvert exploitées alentour.

La Française gara sa Range Rover parmi les semi-remorques, les camions bennes et les Harley Davidson trafiquées. Elle s'épousseta un peu, tira sur sa veste de tailleur et marcha en direction du beuglant de fortune.

Quand elle en franchit le seuil, même le juke-box en eut le sifflet coupé et, comme les conversations des clients, la voix de Willie Nelson resta suspendue au milieu d'un couplet. Sans même parler d'en avoir vu récemment ou d'en avoir jamais tenu une dans leurs bras, l'essentiel des mineurs, camionneurs ou Hell's Angels assemblés au « Kangourou Vicelard » avait dû ignorer jusque-là qu'une telle femme puisse seulement exister.

Certains jetèrent un regard inquiet à la boîte de Forster's qu'ils étaient en train de siroter. Les autres considéraient l'intruse avec les yeux de Bernadette Soubirous ou des enfants de Fatima un jour d'apparition.

A leur décharge, ce devait être la première fois qu'un tailleur Saint Laurent blanc s'aventurait dans leur coin de désert australien. La Française grimaça. L'endroit puait bien évidemment la bière tiède, la sueur sale et le tabac. Sortant un flacon de son sac à main, elle vaporisa devant elle un peu du parfum qui portait son nom avant de s'approcher du comptoir.

Une métisse borgne se tenait derrière, ses seins énormes mal soutenus par un haut de bikini maculé de taches de graisse et d'empreintes digitales. Au-dessus d'elle, punaisés autour d'un drapeau australien, on pouvait admirer la photo d'une fille entièrement nue juchée sur un tabouret, dans un bar rempli d'hommes décemment habillés, ou ce dessin de fille, nue elle aussi, représentée à quatre pattes, le corps parcouru de pointillés, comme pour indiquer à un apprenti boucher où il devrait découper. Pour ceux qui savaient lire, quelques cartes postales humoristiques incitant au harcèlement sexuel complétaient l'ensemble.

La Française adressa un signe du menton à la serveuse borgne :

« Un Myers & Coke. Secoué – pas touillé. »

Un peu comme celle de la maîtresse de maison rend les fourchettes présentes libres de piquer enfin dans l'assiette, sa voix libéra un brouhaha sourd. Revenus de leur stupeur, sûrs à présent qu'ils ne rêvaient pas, les soiffards retrouvèrent l'usage de la parole.

Prenant tous les autres de vitesse, un gigantesque motard hirsute dont le torse, nu sous son gilet en cuir, n'était plus que tatouages, se leva et s'approcha en titubant, deux grosses mains tendues devant lui comme des têtes chercheuses. Lorsqu'il fut sur le point de la toucher, une demi-seconde avant qu'il ne lui empoigne solidement la poitrine, calmement, Catherine Deneuve pointa son index droit vers la carotide du géant et appuya. Le colosse s'affaissa lourdement, soulevant un peu de poussière en claquant contre le sol.

« Allons, messieurs, remettez-vous, lança-t-elle à la cantonade. Vous n'avez jamais vu une vraie Française ? »

De retour au pays, Leblaireau cherchait donc ce qui pouvait intéresser les Français. Ce qu'il pourrait leur vendre. Ce qu'il pourrait « exploiter ».

Sa Marquise en petite tenue n'avait pas connu le succès escompté. Pourtant, il sentait que de la polissonnerie « beau monde », mise, sans vulgarité excessive, à la portée des masses mal baisantes, recélait le secret de sa réussite. Restait toutefois à concevoir le zizi-panpan « haut de gamme » adéquat.

Il en était là de ses cogitations quand soudain, le soleil d'Austerlitz rayonna devant lui. 'te bonne blague ! Plutôt qu'une fausse marquise inconnue, que n'« exploitait »-il la véritable incarnation moderne d'Oriane de Guermantes, l'idée même de la Française « classe » – « classe » pour des dames et messieurs qui ne l'étaient pas toujours. Catherine Deneuve ! Mais oui ! « Elle », puisque c'est à l'idée qu'elles se faisaient d'*elle* que s'acharnaient à vouloir ressembler les Verdurins de l'époque.

Bien sûr, tenir Deneuve pour responsable des *Chanel casualties* regardantes sur l'immatriculation de leurs Merdes-SS reviendrait à dire que Jésus souhaitait l'Inquisition. C'est diffamatoire. Reste qu'on la singeait de toute part pour se plaire et pour plaire à monsieur. Contrefaçon ou concupiscence canalisées, cependant, par le respect dû à une institution –

dû *aux* institutions, en fait, puisque la comédienne avait un temps prêté ses traits, après Brigitte Bardot et avant Vanessa Paradis, à la représentation sculptée de Marianne. Quand la République se met à avoir cette gueule-là, quiconque reste monarchiste est forcément pédé!

Nan – crois-moi! Deneuve, mon 'tit bonhomme. Les Français trahissent, les Français se parjurent – oui, les cloportes, mais n'empêche, se dit-on à Londres, à Moscou, à Kuala Lumpur ou à Bobo-Dioulasso (Burkina-Faso): les fumiers, ils ont été capables de fabriquer Catherine Deneuve.

Leblaireau ne se sent plus de joie, regarde-le! Il a trouvé. Comme certains avaient raconté les croisades, comme plus tard des « journalistes » auront dépeint le « Far West » tel qu'à tort ou à raison nous le concevons encore, il va être le Joinville de cette héroïne qui présente sur Jeanne d'Arc l'avantage de n'être ni sainte, ni membre adhérente du Front national – ni pucelle.

Le savant fou passa une langue d'un rose obscène sur son absence de lèvres.

« A présent, ricana-t-il, vous êtes en mon pouvoir. Après cette piqûre, vous ne serez qu'un jouet sexuel, un pantin nymphomane dont je tirerai les ficelles! Vous lécherez mon pied bot, caresserez ma bosse, promènerez vos seins sur le lupus qui me défigure. »

Il claudiqua jusqu'à la table roulante et s'y empara d'une énorme seringue hypodermique remplie d'un liquide verdâtre.

« Vous serez ma chienne », poursuivit-il en revenant aussi vite que son pied infirme le lui permettait vers le fauteuil de dentiste où il avait immobilisé la Française. Tout comme ses chevilles, son poignet

droit était étroitement ligoté, mais le gauche bougeait sous la lanière de cuir qui l'entravait à l'accoudoir. Aussi discrètement que possible, elle tentait d'en accentuer le relâchement. Impossible en tout cas de se libérer pour l'instant. Le docteur Z était à nouveau devant elle, seringue à la main, prêt à la piquer d'une seconde à l'autre. Il fallait à tout prix gagner du temps.

« Misérable, vous n'oserez jamais.

– Je vais me gêner, croassa le dément.

– Non, vous ne le ferez pas ! protesta calmement sa prisonnière.

– Et comment !

– Non, c'est trop horrible. Vous n'allez pas faire ça.

– Si, je le fais !

– Non.

– Si !

– Mais non !

– Mais si ! Vous allez voir ! » couina-t-il en agitant sa seringue.

De l'autre main, écartant légèrement le col du chemisier de la Française, il lui frotta un coton imbibé d'éther sur le haut du sein droit.

« Je pourrais bien sûr vous piquer dans la fesse, mais je préfère la poitrine, exliqua son insupportable voix de fausset. Vous aurez plus mal. Surtout, je pourrai ainsi guetter les premiers effets du sérum sur votre visage. »

« Ça y est ! J'ai mon héroïne ! dit Gontran Leblaireau à son pote le Corse.

– Ah ? demande le Corse. Qui c'est, ce coup-ci ? La soubrette ?

– Imbécile ! C'est la France dans ce que l'Étranger lui trouve de plus tolérable. Ici, c'est un monument classé " secret défense ". Rien ne s'exporte comme elle. Ordre et beauté, luxe, calme – calme surtout, la presse dit même froideur. Et malgré ce calme, promesse de volupté. Combien de caisses je t'en mets ? »

Le Corse avala une bouchée de salade de crabe, regarda distraitement un écrivain connu et une femme bien plus jeune que lui être accueillis par le patron du Voltaire, et lâcha finalement d'un ton goguenard :

« Tout ça, ça ne me dit pas qui c'est. »

Leblaireau baissa la voix comme à confesse et détacha chaque syllabe :

« Ca-the-rine De-neuve ! Les aventures de Catherine Deneuve, Parisienne glacée et sophistiquée. Défense des intérêts de la France à l'Étranger ! *Catherine Deneuve et l'affaire des diamants. Catherine Deneuve contre Greenpeace. Catherine Deneuve pacifie les Canaques.* Tu demandes à Michel Gourdon d'illustrer les couvertures, et bien distribué dans les gares de villes de garnison, normalement, c'est le carton.

– Deneuve ? ricana le Corse. T'es malade. C'est la reine du procès. Elle a eu le prix Citron plus souvent que la couverture de *Elle* – c'est dire !

– Beuu non – chuis sûr qu'elle est cool. Ça la fera marrer.

– Ah ouais ? Si jamais ça marche et que tu te fais des burnes en or avec son nom, tu vas voir comme ça la fera marrer », rétorqua le Corse.

La Française sentit l'aiguille lui entrer doucement dans la chair. Un écœurant rictus dévoilait la dentition putride du bossu serbe, déformant plus encore qu'à l'habitude son irregardable faciès. Son front rongé par l'eczéma était inondé de sueur gluante. A l'instant précis où le pouce de son bourreau se crispait sur la pompe de la seringue, la main gauche de la comédienne, dégagée in extremis, *partit comme une fusée. Elle balaya les doigts qui tenaient l'ustensile paramédical, avant d'aller percuter violemment le menton du tortionnaire.*

Claquant les uns contre les autres, les chicots du docteur lui sectionnèrent la langue. Le bout fut propulsé sur le plexus de la comédienne, à côté de la seringue qui y était restée fichée. Sans prendre le temps d'être dégoûtée, elle lui enfonça d'un coup sec le nez dans le cerveau. Le docteur Z mourut avant de toucher le sol carrelé de son laboratoire secret.

Enfin bref – tout ça pour dire que, malgré René, Gontran Leblaireau essaye quand même de faire fortune et de rigoler.

13

Le Terminus des Prétentieux

DISTRIBUTION

LINO VENTURA : Lino
BERNARD BLIER : Nanard
ROBERT DALBAN : Robert
MAURICE BIRAUD : Bibi
PAUL FRANKEUR : Monsieur Paul
GONTRAN LEBLAIREAU : Gontran Leblaireau

(La scène est en noir et blanc.)

EXT. JOUR / RUE DE BANLIEUE

Une petite rue à Rancy-sur-Yvette. Ambiance à la Doisneau. La façade d'un café. Sur la bâche on peut lire : « Au Terminus des Prétentieux ».

INT. JOUR / UN CAFÉ DE BANLIEUE

Quatre clients sont attablés. Une partie de rami va bon train. Le patron est passé devant le comptoir et, debout près d'eux, les regarde jouer. Un autre client, accoudé au zinc, boit un café dans son coin. Il est plus jeune que les joueurs de cartes et, contrairement à eux, ne semble pas un « habitué ».

LINO

Bien sûr qu'elle a des mômes, Lady Di. Juste, pour venir en France, elle est obligée de les faire garder.

BIBI

Comment veux-tu que j' devine!? Chuis pas Churchill!

MONSIEUR PAUL

Comme l'aut' fois, un gars s' pointe, y d'mande un Cacolac. J'y dis j'en ai pas mais, si vous voulez un lait chocolaté, c'est pas un problème : j'ai du Nesquik et du demi-écrémé. Nan, il dit. J' voulais du Cacolac. Y s' barre sans avoir consommé. Même jour, un aut' type se pointe. Même topo : il veut du Cacolac. J'en ai pas. Rien à faire pour qu'il avale un lait chocolaté maison. Le même soir, dis donc, juste avant la fermeture, un mec me d'mande un Cacolac. Oh, j' me dis, merde, demain, Cacolac, j'en prends une caisse. Les mecs tu sais c' que c'était ? Des r'présentants Cacolac. Depuis, personne m'en réclame.

BIBI

C'est c' qui s'appelle « rester chocolat ».

NANARD

Alors! On va pas y passer la noye! C'est à qui d' faire ?! 'Tendez : si vous-z'êtes pas au jeu, c'est pas compliqué : on joue pas, pis c'est marre.

LINO

Calme-toi. Respire.

En gros plan, le visage du client isolé, debout au comptoir. Son regard est vague, rêveur. Il sourit. On entend en fond sonore une java jouée à l'accordéon et, par-dessus, en voix off, tout en maintenant ce gros plan du client au sourire mélancolique, une voix récite, en « monologue intérieur ».

VOIX OFF

Ah! il en reste donc! Quel bonheur! Ah! cette mauvaise humeur poétique, cet « éternel franchouillard » : « je râle donc je suis ». Et ces accents! Des accents parisiens comme ça, il ne s'en transmet plus guère, de nos jours. C'est en voie d'extinction. Ce nasillement, ce grasseyement, cette façon de traîner, d'approfondir à plaisir la closule des mots en « -ation ». Que fait la Sorbonne! Il faudrait les enregistrer avant qu'il ne soit trop tard, conserver les bandes dans un institut de phonologie.

La petite musique jouée à l'accordéon s'estompe. Plan large avec les joueurs de cartes en amorce et le client à l'arrière-plan.

ROBERT

Peuvent raconter c' qu'y veulent : le Parisien s'ra toujours plus français que le mec de Bordeaux.

NANARD

'Toutes façons, au sud de la Loire, c'est tous des ratons.

Venus de la rue, les échos d'un discours amplifié par une sonorisation capricieuse les interrompent.

BIBI

(ramassant les cartes et commençant à les battre)

Allez! On dit que c'est à moi.

ROBERT

N'attendant, nous font chier avec leur commémoration.

NANARD

Comme s'y avait pas assez du 11 novemb' ! Tous les moyens sont bons pour nous empêcher d' taper les brèmes tranquilles. Sans compter que, c'est avec nos impôts qu'y « commémorent », ces cons ! Ah si ! L'estrade, la sono, les fleurs, les couronnes, tu peux y aller ! C'est nous qu'on paye !

GONTRAN LEBLAIREAU

(avec une affabilité un peu démonstrative)

Pardonnez-moi de m'immiscer, messieurs, mais de quelle « commémoration » s'agit-il donc ?

MONSIEUR PAUL

Oh, des conneries, encore !

ROBERT

Ben dis-z-y, au monsieur.

MONSIEUR PAUL

Pendant la guerre, derrière la voie ferrée, y avait un camp où qu'y foutaient les israélites avant de les déporter. Pendant quarante-cinq berges, ç'a été motus, pis là, va savoir c' qui leur prend, on cause plus que d' ça. Z'en font un musée, un « mémorial », chais pas quoi. Z'inaugurent aujourd'hui, avec ministre, grand rabbin, la garde mobile et toul' tremblement.

BIBI

Ils disent, c'est « contre l'oubli ». C'est pour que ça s' reproduise plus.

NANARD

Note, c'est ironique, mais d'un sens, ça r'ssemb' à y a cinquante ans. J' me souviens, j'étais mouflet. T'as des flics et des youpins. Sauf là, les flics leur tapent pas sur la gueule. Pis t'as l' minist' qui cause. Mais sinon, toul' monde est là. S'y veulent, y peuvent rouvrir.

LINO

Oh, t'en fais pas, va! Ce genre de trucs, ça reste jamais fermé longtemps. Des donneurs, y en aura toujours. Des ordures aussi. Tu crois p'têt' que les lascars qui sont là, 'vec leur rondelle de location sur la tête, à chialer fort avec les youdes, ils sont pas pareils que les empaffés qui laissaient faire à l'époque?

NANARD

Qu'est-ce t'insinues?

LINO

J'insinue pas : j'affirme. Le Sinistre qu'est en train d' baratiner les familles, c'est le youpin vivant qui l'intéresse. Pasqu'y vote! Les youpins morts, j' te dis pas comme ça lui donne une idée de l'infini.

ROBERT

Sans compter qu'avec les crouilles qu'ont envahi le voisinage, s'ils viennent trop souvent se r'cueillir, les calottés, faut pas qu'ils espèrent êt' fêtés par la population locale. Ça va vite fait se r'trouver transformé en bande de Gaza.

BIBI

Envahi, envahi – t'y vas fort. T'en as pas tant, des Arabes, ici. Glauquy, à côté, je dis pas. Mais de c' côté-ci d' l'autoroute, franch'ment, y a pas mort d'homme. 'Tout cas, moi, ceux qu'y a dans ma cité, ils gênent personne.

NANARD

'Coûtez moi ça! « Y gênent personne »! Pauv' pomme, va! L'aime toul' monde, lui! Après, y s'étonne d'êt' cocu! Moi je dis, 'l'heure qu'il est, on est le dernier carré! Cambronne à Vateirlau, la Légion à Camerone! Note, on a l'habitude de soutenir des sièges, dans l' coin. Quand j'étais moujingue, on luttait déjà contre le déferlement macaroni.

LINO

Va t' faire une tronche de lasagne, le macaroni.

NANARD

Te méprends pas. C'est comme ça qu'on disait à l'époque. Pain blanc que nous n' savourâmes d'ailleurs pas à sa juste valeur. Le rital est certes feignasse, cocufieur, volontiers tonitruant...

LINO

Oh nom de Dieu, la danse qu'y va t' coller, le cocufieur tonitruant!

MONSIEUR PAUL

T'emballes pas, Lino. T'es pas rital, toi. T'es d' Vierzon. C'est pas d'ici, certes. Mais ça reste une origine avouable.

NANARD

J'allais oublier : susceptible et ombrageux. Mais malgré ces défauts, indéniablement européen. Type qui ne peut que susciter la nostalgie, aujourd'hui que piaffent à nos portes les crouilles et les crépus.

ROBERT

Piaffent à nos portes, piaffent à nos portes! Renaudent au comptoir, oui! A l'endroit où je vous cause, j'ai vu du basané s'envoyer une tite côte, et récriminer que le ballon 'tait pas assez rempli.

NANARD

Étonne-toi, aussi : les nègres, les biques, z'auraient tort de s' gêner : Paulo les sert! L'a même fait installer un distributeur de cacahuètes. Manquent plus qu' les bananes sur le zinc à la place des œufs durs! Mais c'est le commerçant en lui. C'est atavique. Sa vieille rinçait déjà les schleus.

MONSIEUR PAUL

T'ai déjà dit qu' j'avais pas l' choix. T'as une loi qu'interdit qu'on choisisse le client – chance pour toi, entre nous. Sinon, j'aime mieux t' dire, déjà longtemps qu' tes Picon-curasso au 'tit déjeuner et tes théories à la con, tu t' les f'rais au Tabac-PMU de Glauquy-le-Retrou, chez l'enculé. Ou soli-solo dans ta cambuse.

NANARD

L'a bon dos, la loi.

MONSIEUR PAUL

Parfaitement. Un Banania m' réclame un blanc sec et j'y dis de r'tourner voir aux sources du Nil si j'y suis, Blanche-Neige fait fermer ma taule par les bourres comme y veut.

ROBERT

T'as aussi une loi qu'interdit d'acheter des boutanches de « Jibi » qui seraient tombées du camion. Et ça t'empêche pas.

BIBI

Tu charries, entre nous, des peaux de boudin, t'en as des braves. Regarde Bamboulpipe, le boueux. L'est jamais chien pour payer sa tournée.

NANARD

Lui, ça va. L'a notre âge. Balayait déjà devant chez moi avant mon mariage y a trente-cinq piges de ça. L'est quasiment d'ici. Non, c'est surtout le moricaud jeune que j'encaisse pas.

ROBERT

Tu vas par là, les jeunes, n'importe quelle couleur qu'y sont, c'est nocif.

NANARD

Raison de plus. Les nôtres nous les cassent déjà assez, qu'on aille pas en prime s'appuyer les pubertés coloniales. Et là, encore, faut pas confond' le nègre et le bougnoule. Le nègre est con, mais pas mauvais cheval. Que le raton, lui, est sournois. Et nous hait farouchement. Nous pardonne pas d'y avoir filé l'indépendance, l'ingrat – que ça nous serve de l'çon. Bref, les noircifs sont une nuisance – un peu comme les impôts, les klaxons italiens et le droit de vote aux gonzesses. Que l'Arbi, lui, c'est l'ennemi. Nuance.

Le client de passage attrape une chaise posée devant une table vide et s'y assied à califourchon, tout près des joueurs de cartes.

GONTRAN LEBLAIREAU

Et les juifs dans tout ça ?

NANARD

Bonne question, monsieur. Si. Merci de l'avoir posée. Le youde, voyez-vous, le youde, lui, c'est différent. L'est intelligent, le youde. Pis faut voir comme il s'entraide avec les aut' baptisés au sécateur. Sont bien moins cons que les Français, pour ça. Isaac laissera jamais tomber Jacob. Pas comme nous. D'ailleurs, cherchez pas plus loin : c'est comme ça qu'ils nous baisent. Ah, tiens, ça donne soif la philosophie. Popaul!

MONSIEUR PAUL

Pas Popaul. J' t'ai déjà dit. Paulo, si tu veux, mais pas Popaul. Ça fait nœud.

LINO *(rigolard)*

Ben de fait...

NANARD

Bon, « mossieur Paul », sors-nous voir ton abomination.

ROBERT

Nan ? Du vivant, à c't' heure-ci ? L'est pas un peu tôt ?

NANARD

Le temps suspend son vol sitôt qu'on pense. Y a plus d'heure. La durée s'abolit! Sers aussi monsieur qui m'est sympathique dès lors qu'il s'intéresse à l'Ethnologie. A la vraie : à l'inimprimable.

Le patron va chercher sous le comptoir une bouteille sans étiquette à moitié remplie d'un liquide aussi transparent que de l'eau. Il remplit ensuite six verres à digestif. Les joueurs de cartes se lèvent. Chacun en attrape. On trinque. Le client de passage porte son verre à ses narines.

GONTRAN LEBLAIREAU

Ahem – y a d' la pomme là-dedans.

ROBERT

Y en a.

LINO

Ça c'est sûr. Pas à tortiller. 'T une boisson d'homme.

NANARD

Pas l' tout, ça – on disait quoi ?

ROBERT

Les youdes.

NANARD

Ah oui, les youdes. Eux, au moins, ils nous fournissent des toubibs et des animateurs télé. Pas comme la peste maghrébine qui vient, jusque dans nos bras, encloquer nos filles et nos compagnes. Le pire c'est que, chez eux, en touriste, tu les trouves épatants. Ah si. En costume, la plupart. Le soleil de leur pays qui réchauffe leur teint caca d'oie. Tu raques, ils t'enveloppent d'une servilité exquise. A la fin du forfait, tu rent' chez toi, ils restent chez eux. Tout le monde est content. Pourquoi qu'y gâchent tout en v'nant ici ?

GONTRAN LEBLAIREAU

Oui, mais on ne peut pas généraliser comme ça. C'est comme tout. Vous en avez des bons et des mauvais.

LINO

Moi chuis pas raccisse – juste, j'aime pas les cons, c'est tout.

BIBI

Ah ben, à c' moment-là, comme tout l' monde, alors.

MONSIEUR PAUL

'Drait vraiment êt' con pour aimer les cons. Que pourtant, j'en vois passer, des cons, dans mon établissement ! Mais encore jamais vu un qu'était con au point d'aimer les cons !

GONTRAN LEBLAIREAU *(l'interrompant) :*

Oui et encore. Même « les cons », c'est vague.

NANARD

Pardon ?

GONTRAN LEBLAIREAU

Non, je dis : les « cons », c'est vague.

NANARD

Hé voilà ! Ah funeste destinée ! C'est à ça qu'on voit qu' la roue tourne. On vieillit. La vue baisse, le flair s'émousse. On s' trompe sur l'Homme. On se commet, on s' mésallie sans s' douter. Quand on comprend, il est trop tard.

Ses amis le considèrent, un peu interloqués.

LINO

Qu'est-ce tu racontes ?

NANARD

(poursuivant d'un ton résigné, comme pour lui-même)

Je dis juste, fut un temps, quelqu'un capab' de dire « les cons c'est vague » et « faut pas généraliser » quand je discute ethnies, il aurait pas eu besoin de l'ouvrir. 'premier coup d'œil, j' te l'aurais démasqué : juste aux « ondes » qu'il envoie. Le large d'esprit, le scientifique, le timoré de l'aphorisme, le lecteur du *Monde*, l'intellectuel prudent, c'est simple : j'avais un radar, un infrarouge. J' sais pas comment t' dire, j' le *sentais*. Que là, 'gard' moi : j'explique l'Univers, je partage le meilleur de moi-même, le fruit d'années d'observation et d' gamberge – et tout c' qu'on m' sort c'est « faut pas généraliser », « les cons c'est vague ». Qu'est-ce tu veux discuter, après ! Je vais vous dire, moi, en attendant : les cons, c'est 'têt' vague, mais « intellectuel de gauche », ça, ça a au moins le mérite d'êt' précis.

Il s'affaisse sur une chaise et fixe le vide, la bouche tordue par un rictus affligé. Tout le monde échange des regards étonnés. Le client qui vient de se faire traiter d' « intellectuel de gauche » est visiblement gêné. Les habitués et le patron lui adressent des mimiques apaisantes, comme pour lui dire de ne pas se formaliser. Un peu soulagé, le client leur adresse à son tour des moues conciliantes et entendues. A sa table, l'autre, l'air à la fois teigneux et écœuré, maugrée tout seul.

NANARD

Intellectuel de gauche !

EXT. JOUR / AUTOROUTE SOUS LA PLUIE

Voitures sur l'autoroute du Sud, aux abords de Paris.

INT. JOUR / VOITURE

Le client du café au volant, pensif.

VOIX OFF

Merde alors ! Il m'a traité d'intellectuel de gauche !

14

Détache-moi

Madame Leblaireau, sanglée, attachée, entravée, ligotée, après s'être harnachée, parée, apprêtée, préparée, costumée, épilée, en vue d'être dépouillée, souillée, écartelée, profanée, insultée, immolée, Madame Leblaireau, décoiffée, dépenaillée, çà et là marquée, Madame Leblaireau est à présent surtout essoufflée.

Il lui a fallu se plier à tout, jouer à des rôles, et de drôles, réclamer son avilissement, le célébrer en termes crus, manifester la gratitude qu'il lui inspirait. Et à présent, dans le calme retrouvé, dans cette douce satiété, se cherche l'une de ces conversations *post coitum* où les amants voient leur complicité emprunter d'autres voies. Monsieur Leblaireau, repu, fume une cigarette en pensant à ce qu'il fait. Madame Leblaireau fume une cigarette en pensant à des choses.

« Dis, fait-elle bientôt en exhalant un long filet de fumée. Une question bête m'est venue, là, pendant qu'on faisait joujou.

– Ah! il te " vient des questions " pendant qu'on " fait joujou ", relève Monsieur Leblaireau, mibadin, mi-vexé. Fais des mots croisés tant que t'y es. A quand le tricot! »

Monsieur Leblaireau fume moins sereinement, moins voluptueusement.

Madame Leblaireau, en revanche, reste très calme.

« Ne fais pas l'âne. Non, je pensais à ton obsession avec l'autre, là. Le collabo. Je me disais, le pornographe se fait scrupuleux. Comment dit-on déjà : le diable se fait ermite. »

Monsieur Leblaireau fronce le sourcil. Il n'aime pas ce début de conversation.

« Comment ça ?

– Eh bien là, dans nos jeux, toute cette violence...

– Quoi " violence " ? Ça t'a pas plu ?

– Je ne dis pas cela.

– Que dis-tu, alors ?

– Je vais formuler ça autrement : ces raffinements, ces complications – quelqu'un qui ne te connaîtrait pas comme moi pourrait dire qu'après tout, il s'agit de brutalité, même simulée, même pour rire. Et s'étonner de te voir par ailleurs te montrer si scandalisé par celle des autres. »

Non sans quelque mauvaise foi, Monsieur Leblaireau monte sur ses grands chevaux. Théâtral, il démarre.

« Comment peux-tu confondre! Pour un peu tu me ferais regretter le plaisir que je viens de prendre. Un quiproquo de cette ampleur est-il vraiment possible entre nous ? »

Madame Leblaireau renonce à protester qu'elle a été mal entendue. Elle préfère laisser jouer, et ainsi l'orateur en venir, avec l'aide de Dieu, à ce qui l'intéresse.

« Comment peux-tu ne pas voir que cela n'a, précisément, rien à voir. Tu parlais de diable ? Eh bien soit. Ça, c'est le diable qui est en moi, qui me dépasse et me mystifie, dont j'ignore le pourquoi – même si l'inspiration me revient toujours au moment du comment. Le diable que, grâce à la diablesse qui est en toi, tu m'aides à épuiser quand il réclame un peu d'exercice, à rassasier jusqu'à la prochaine fois. Mais qui ne sort pas d'ici, de l'alcôve que nos désirs suffisent à aménager où que ce soit, païenne eucharistie, sabbat noir dansable n'importe où, autour de nous, pourvu que toi et moi y soyons. Et qui ne concerne d'autres que toi et moi. La bête en moi organise une fête, une corrida sans mise à mort, dont nous sortons plus forts, provisoirement délestés d'un peu de péché et de frustration. Ce que ces bacchanales disent sur moi, sur nous, je m'en fous. Je ne veux surtout pas savoir. En disent-elles d'ailleurs si long ! Une chose est sûre, toutes les " violences ", comme tu dis, ne se valent pas. Je dirai même que celles que tu m'imputes ne font que me confirmer dans l'horreur que m'inspirent beaucoup d'autres. Une idée me vient : au fond, peut-être les nazis étaient-ils simplement des gens qui n'avaient pas eu la chance de t'épouser.

– Mouais, admettons. Dis, j'ai une affreuse envie de faire pipi. »

Et comme son époux la considère sans réagir :

« Aux petits coins, cette fois-ci, si tu n'y vois pas d'inconvénients. Détache-moi. »

15

« René 1 : Le parcours ! »

Deux mots, quand même, de René. Eh oui ! Il ne s'agirait pas d'en faire un monstre froid, juste un principe. Une abstraction. Non. René existe. Il a existé. Il faut donc qu'il existe à présent pour le lecteur. Que vous dire qui puisse faire prendre corps à René devant vos yeux ? Donc vous aider à comprendre ce qui titille Leblaireau.

D'abord, en se représentant René, qu'on n'imagine pas un ogre. Un psychopathe. Un tueur en série. Un déporteur excité. Le Boucher de Düsseldorf ou le Vampire de Cracovie ne suffiraient pas à hanter de la sorte un Leblaireau naïf, certes, mais malgré tout assez au fait des choses de ce monde pour savoir que le Mal existe. Que la brutalité règne. Sans même parler des nègres anthropophages ou des supplices chinois, l'Europe a des pays pour ça. Qu'on remarque où étaient situés les camps d'extermination. Ça parle tout seul. *The usual suspects*. Les Allemands, les Polonais, les Russes – pas de surprise. En effet – parlons peu, parlons bien – qu'est-ce qu'un Allemand ? Une brute. Qu'est-ce qu'un Russe ? Une bête. Qu'est-ce qu'un Polonais ? Une sorte d'hybride, ni slave ni teuton, mais qui, à force de servir de paillasson aux bottes des uns et des autres, a fini par prendre l'empreinte de leurs semelles respectives. Ni brute ni bête. Mais tellement capable de se révéler l'un et l'autre quand il veut ! Que ces gens se comportent comme des fauves, c'est malheureusement dans l'ordre de leur développement inabouti. C'est évident, ces gens-là sont capables de choses qu'un Français trouvera toujours, en principe, si nous parlons de la même France, si nous accordons vous et moi le même sens au mot *Français*, qu'un Français, disais-je, trouvera toujours indignes de lui.

Et Leblaireau, partant, n'irait pas se gâcher l'existence pour un Slave, un Mongol ou une nuque prussienne rasée qui laisse parler ses gènes.

Seulement voilà ! René, lui, est français. Par là, nous voulons dire qu'*a priori*, c'est d'un *civilisé* qu'il est question. Héritier des Lumières. De Crébillon fils. De Madame de Sévigné. Des *Nénuphars* de Monet. Nous l'avons déjà dit, c'est d'abord cela qui chatouille Leblaireau. M'enfin, qu'on ne nous raconte pas n'importe quoi, non plus : « français », ça fait du monde. Il se trouvera forcément des brebis galeuses. Des ratés. Du coup, français ou pas français, tout serait sinon simple et réglé, du moins plus léger pour la conscience collective si René, avant d'assassiner en masse, avait débuté dans la vie par des parents qui le battaient comme plâtre, un séjour en maison de redressement, des traumatismes – en cas social.

Ça eût payé, mais dommage. Il va falloir ranger votre syndrome Lacombe Lucien – et votre bite, aussi, tant qu'on y est – dans votre poche. René, comme pour faire chier jusqu'au bout, nous vient tout droit de l'*élite*. Non seulement de l'élite de la thune et de la position, d'une « bonne famille », d'un « meilleur milieu », sans hésitation, que Gontran Leblaireau. Grand bourgeois, René. Bien plus « grand » que Gontran Leblaireau n'a même jamais pensé à le devenir. Mais aussi, et c'est encore plus embarrassant, de l'élite intellectuelle : diplômes. Capacités en ci, certificats de ça. Les grandes écoles et la suite.

Je ne sais pas comment vous le sentez, du coup, mais ça devient de plus en plus dur d'en faire un Bonny, un Lafont, un dérangé qu'a une revanche à prendre : René Mad Dog Bousquet ? Tss-tss. Va falloir y retourner.

Du moins, sur de telles bases, René eût-il pu virer godelureau, fils à papa, bon à rien en décapotable. Je t'en fous. C'est un bûcheur. Un gars sérieux. Un type qui ira loin et entend bien commencer tout de suite.

Une fois sorti de ses écoles, il devient, sans perdre une minute, fonctionnaire brillant. Très doué, disent ses aînés. Un jeune prodige bien de sa personne – du moins, plus « sexe » que Pierre Laval, à moins bien sûr d'aimer les lippes baveuses. Apprécié des dames – au point même d'agacer. Ainsi, dans *L'Express* du 28 septembre 1990, Éric Conan raconte comment Joseph Barthélemy, ministre de la Justice, évoque dans ses *Mémoires* un Bousquet « ambitieux et arriviste, fort joli garçon, élégant et admiré des femmes qui aiment les jolis garçons, surtout l'hiver quand le grand col de fourrure de sa pelisse faisait un cadre à sa beauté » et s'étonne de sa « joie enfantine à étaler son tableau de chasse, le nombre des arrestations ». Il agace aussi « les ultras des partis et des journaux collaborationnistes, tel *Au pilori*, qui dénonce ce « bellâtre montalbanais » et ironise sur les « femmes de la haute société qui se font une gloire d'accepter les faveurs de ce don Juan de bazar toulousain ». Un peu, en fait, l'équivalent préfectoral d'un diplomate à la Paul Morand. S'il avait fait le Quai d'Orsay, c'eût pu être Solal, le héros de *Belle du Seigneur* – ironique, non ?

Un côté Tintin, même – en mars 1930, alors que des inondations dramatiques ravagent le Sud-Ouest, le jeune chef de cabinet du préfet du Tarn-et-Garonne (département où il est né, à Montauban, en 1909) se lance dans les opérations et sauve personnellement de la noyade plusieurs dizaines de vies ! Insensé. 'Ça se trouve, il y avait même des juifs dans le tas.

Fait chevalier de la Légion d'honneur et décoré de la médaille d'or des belles actions par le président Doumergue, c'est ainsi que – vous êtes prêts ? C'est parti mon kiki –, avant de devenir, pendant l'Occupation, un des plus hauts fonctionnaires de l'État français, René Bousquet, docteur en droit, deviendra, à 22 ans, l'un des collaborateurs (déjà, ce mot !) du radical Pierre Cathala. Le jeune René suit le mouvement tandis que, de 1931 à 1935, son mentor devient successivement sous-secrétaire d'État à l'Intérieur, ministre de l'Intérieur, sous-secrétaire d'État à la présidence du Conseil et ministre de l'Agriculture. C'est en – bâillement ! Je sais. Mais allez, encore un effort, on a fait le plus dur – c'est donc en 1936 que Bousquet devient chargé de mission à la direction de la Sûreté nationale avant d'être nommé sous-préfet à Vitry-le-François (1938), puis secrétaire général de la préfecture de la Marne (1940) et, la même année, préfet de la Marne ; enfin préfet de la région de Champagne en 1941.

Pendant la guerre, son activité a déjà été évoquée : 13 000 dont 4 051, dont 2 000, dont pas un – pas *un*, etc. En 1945, les Allemands l'emmènent dans leurs bagages, l'ayant « arrêté » pour de faux, quasiment à sa demande. Lui permettant ensuite de prétendre – certains trouveraient peut-être la force d'en rire – « avoir été déporté ». Pas mal ! Sang-froid, le gars. On ne s'étonne pas qu'il ait fait carrière. Ni même, à la limite, de le voir recommencer.

En 49, on le jugeote. Après quoi, loin d'être déchu du titre non seulement de citoyen français, mais même simplement d'homme, René fait un parcours sans faute. Cette troisième partie de son *curriculum vitae* a déjà été saluée dans un précédent chapitre, mais elle laisse si rêveur qu'on ne résistera pas à l'envie de se la remémorer. C'est donc reparti pour une liste – oui mais quelle !

Brillant séjour, on s'en souvient donc peut-être, à la Banque d'Indochine, dont, comme nous l'avons déjà indiqué, il devient le directeur adjoint, en même temps que l'administrateur de nombreuses sociétés dont le lecteur n'a peut-être pas bien mesuré l'importance la première fois – les revoilà : Banque française de l'Asie, Banque française pour le commerce, Société des caoutchoucs de l'Indochine, Société indochinoise d'électricité, Phosphates de l'Océanie, Société financière de la France d'outre-mer. Il exerce, en 1968, les présidences de la Compagnie générale des mines de Bruxelles, du Crédit foncier de la Nouvelle-Calédonie et de la Société des plantations réunies de l'Ouest africain. En 1960, il siège aussi, redisons-le, au conseil d'administration de *La Dépêche du Midi*.

Voilà notre René : gestionnaire consciencieux dont on appréciera les compétences à des postes haut perchés. Avant la guerre (normal). Pendant la guerre (pourquoi pas). Après la guerre (Hé oui! Aussi!). C'est ainsi. Un bon administrateur, c'est comme un bon plomb...

Allons bon. Un tohu-bohu secoue l'assistance. Le fond de la classe proteste. Silence! Un à la fois sinon je fais évacuer la salle. Posez votre question, monsieur. Ce n'est pas une question. C'est une protestation. Qu'à cela ne tienne – allez-y quand même. Les Enfants. Quoi, « les enfants »? Quels enfants? Ah oui. Ceux-là. Ceux qui sont morts. Rôh! Encore cette vieille histoire! Les enfants par-ci, les enfants par-là. Vous n'avez que ça à la bouche. Mais non, je n'« insulte pas leur mémoire », monsieur. Un enfant qui meurt ne m'amuse pas plus que v... Quoi?... Il y en avait plus d'un. C'est entendu. Je vous en prie, monsieur, ne chipotons pas. Vous savez très bien ce que je veux dire. Et puis d'ailleurs, flûte, à la fin! Qu'est-ce que vous nous faites chier avec – combien avez-vous dit, déjà? 4 051 enfants? Quatre mille cinquante et *un*, vraiment, vous êtes d'un mesquin, alors. Vous pourriez arrondir. Je ne sais pas, moi : 4 050 et qu'on n'en parle plus. Ou 4 100, si ça vous fait plaisir, mais ce quatre mille cinquante et unième, il fait dernier de portée, rajouté, surnombre, erreur d'aiguillage, effectif surchargé. Un côté soldat inconnu qui devient déplaisant, à force, gratuitement pathétique, très « mauvais mélo », alors que nous tentons de réfléchir sereinement, d'avoir une conversation sérieuse. Bref, vos quatre mille, là, Javeh ait leur âme, mais eux, ils sont morts, n'est-ce pas? Tandis qu'en France, à la Libération, vous me faites marrer! Pour ceux qui sont encore en vie, il faut bien reconstruire, non? On va pas laisser ça dans cet état-là. Bien joli, d'être « libéré » – libéré,

libéré, ce mot-là aussi vous semblez prendre plaisir à le sucer en permanence comme un cachou Lajaunie. M'enfin, quand vous aurez fini de tondre trois pauvre putes et de chanter *La Marseillaise* à gorge déployée (mais *Maréchal nous voilà*, vous le chantiez bien aussi, hein ? Faut pas croire, mais vous aviez déjà de la voix), donc une fois que vous aurez fini vos simagrées, il faudrait peut-être, mine de rien, penser à remettre la foutue machine en route. Repartir.

Or, mes enfants, pour ça, il ne suffit pas de claquer dans ses mains. Ah non ! Ça, rebâtir un pays meurtri par la guerre, ça ne se fait pas comme ça, sur l'air des lampions, en mâchonnant le chocolat et la gomme qu'on est allé mendier aux abords des bases américaines. Non. Relancer une économie, reconstruire, réorganiser, c'est une autre paire de manches que vos histoires de « Libération ». Au moment de s'y coller, on change de ton. On rit moins, déjà. C'est un tout petit peu plus compliqué que d'aller rouler des pelles à des tankistes sous l'objectif des caméras de Robert Capa. Là, désolé, mais pour le coup, il faut des cracks, des cadors, des hommes à poigne, des têtes bien faites. Des organisateurs. Et dans cet ordre d'idées (cette idée d'ordre, aussi), un type capable d'envoyer ensemble, au même endroit, sans qu'il y en ait un qui ralentisse le train (jeu de mots sur train, bien sûr) et, conformément au projet, sans qu'un seul revienne (« pas un – pas *un* – » etc.), de déplacer en bon ordre, donc, 4 051 chiards – dont 2 000 de moins de six ans, quand on sait combien ça peut être difficile, récalcitrant et capricieux à cet âge-là, un type qui a ce sens du rendement, excusez-moi, mais ça ne se gaspille pas ! Non ! Parce que ça ne court pas les rues. Des mômes, juifs ou pas, vous pouvez raconter ce que vous voulez, on peut toujours en refaire, c'est pas dur. Mais dans le tas, sur les 4 051 qu'on remettrait en route pour compenser, je suis désolé, mais c'est même pas évident qu'il s'en trouverait un pour, devenu grand, égaler les performances bureaucratiques de René.

Non, un René, c'est rare.

C'est précieux pour une entreprise, ce genre d'efficacité. L'en faudrait plus des comme lui, la France serait pas là où elle en est! Pensez : 100 % de réussite. Peu de gens peuvent en dire autant. Je peux vous dire, à l'heure où j'écris ça, j'ai deux gosses; quatre ans et demi, donc dans la tranche d'âge qui nous occupe. Un garçon et une fille. Jumeaux. Le « choix du roi », comme on dit. J'ai une bite de taille moyenne, mais un sperme, je vous dis pas. A se demander pourquoi il s'en est trouvé qui l'avalaient pas. Bref, tout ça pour dire, ces deux chères têtes blondes – aux yeux bleus comme le lac Titicaca. Ah, ça, 'font pas « juifs », ces deux-là. Sont français, américains *et* suisses. Sur les trois passeports, s'il s'en trouve pas un qui leur permet d'échapper à la prochaine fournée, c'est qu'ils étaient trop cons pour mériter de vivre – bref, ces deux merveilles, j'ai déjà essayé de les emmener d'un point à un autre en chemin de fer – et là, je vous parle pas bétaillères, hein. Non, ces deux petits enculés de gosses de parvenus ont jamais rien connu d'autre que le TGV en première et Air France en *Business*, mais croyez-moi, les foutre dans un wagon et les y maintenir tranquilles, c'est pas du nougat. Non. C'est pas du nougat. Pas du Tango non plus! Et ils ne sont que deux, les chameaux! Alors 4 051, pensez! Non, là, je vois ce que René a réussi à faire, quand on sait comme c'est chiant et dissipé, un môme, je dis : chapeau. Si : chapeau. 4 051 partis à la mort sans gêner les autres passagers, sans courir d'une voiture à l'autre, sans ouvrir les portières, sans embêter le monsieur qui passe avec son chariot de limonades et de jambons-beurre sous cellophane, pas à chier : tu t'étonnes pas après que René, il ait pas eu de mal à retrouver une place. Un gars qui bosse bien, comme dirait l'autre, l'est jamais au chômage. Que les demandeurs d'emploi en fin de droits méditent ça, tiens : René, lui, l'a toujours trouvé du boulot.

16

Gontran Leblaireau

Voilà pour René, passons à Leblaireau.

Pourquoi ce Français moyen né longtemps après toutes ces bêtises laisse-t-il René le turlupiner à ce point ?

La question, qu'on soit bien d'accord, n'est donc pas cette fois de savoir pourquoi *quelqu'un* peut décider de faire une fixette stérile sur une vieille ordure – nous avons vu, ça, nous avons répondu : pas un – pas *un*, etc., avec ensuite les félicitations du jury, un fauteuil de PDG et une voiture de fonction.

Non, la question, cette fois, c'est : si quelqu'un doit faire une fixette sur la vieille ordure, par quel coup du sort, caprice du destin ou déterminismes socioculturels cachés, ce « quelqu'un » se retrouve-t-il être, entre tous, cette pauvre bille de Leblaireau ?

Pas du tout, ce n'est pas une question idiote. Si ça peut vous mettre à l'aise, Leblaireau se la pose, certains soirs, puisque autour de lui, curieusement, la réponse ne semble pas aller d'elle-même.

Pourquoi lui ?

Est-ce qu'il aurait eu des membres de sa famille déportés par Bousquet – ou par d'autres ?

Non.

Est-ce qu'il serait, pour être si sensible à propos de « ces questions », par hasard, de confession vaguement « hébraïque » ? Leblaireau n'étant qu'un nom d'emprunt venu franciser Leblehrovski. Ou Levymenthal.

Non plus.

Et même, se dit-il, nu devant la glace, prépuce dehors et gland dedans, plus goy que moi, tu meurs pas forcément, mais pour le moins, t'es un steak bien saignant servi « au poivre » avec plein de crème pour faire la sauce, l'hémoglobine et le lactose se mélangeant au fond de l'assiette une fois que le couteau a tranché la barbaque. Rabbi Jacob te voit, c'est pire que si surgissait Arafat en uniforme noir division Totenkopf !

Né à Paris, d'un croisement de Parigot tête de veau et de Bretonne pur cidre. Parents catholiques pratiquants. Baptisé, confirmé, communiant, ancien « de nos maisons ». A partir de là, se dire philo ou antisémite, dans sa famille, eût exigé un culot invraisemblable et beaucoup d'imagination.

Imagination, oui, car des « juifs », chez lui, on n'en voyait pas. Difficile ensuite de les aimer ou de les détester. Les seuls qu'il pouvait croiser étaient parfois médecins – qu'il fallait aller consulter –, vendeurs de prêt-à-porter, chez qui on l'affublait de fringues ringues qui lui faisaient haïr sa gueule de con plus encore, commerçants divers dont son père notait parfois, plus par goût du pittoresque humain que par malice ou animosité ethnique, le zèle mercantile une fois que la famille était sortie de l'échoppe.

Allez, des « juifs », il devait bien en connaître ! Même, les antisémites ont leur youpin symbolique qu'ils citent, qu'ils exhibent. Les « enjuivés », eux, traversent la rue pour ne pas dire bonjour en public à un « gentil ». Leblaireau doit sûrement se situer quelque part entre les deux. Oui mais voilà : il lui eût paru aussi scabreux et mufle de faire le compte des « juifs » dans son entourage que de dénombrer les maîtresses dans le fond desquelles il avait fait son petit Danone – peut-être par crainte de s'apercevoir, en fin de compte, qu'il avait connu plus de youtrons que de petites pépées et de grosses salopes ; parlez d'une vie réussie ! Mince alors ! On ouvre le gaz, on s'avale quatre tubes de Valium pour moins que ça ! Blague à part, le chiffre n'aurait de toute façon pas dit grand-chose. Leblaireau savait : il ne l'était pas (antisémite). Et ce que les habituels Grands Inquisiteurs de la judéité commode (bonjour messieurs, vous vous serez reconnus) pourraient lui dire en la matière n'y changerait rien. Il ne l'était juste pas.

D'autant plus qu'à vrai dire, un juif, il ne savait pas bien ce que c'était et s'en battait un peu les couilles. Contrairement à nombre de Français, ses compatriotes – et les « leurs », soit dit en passant –, il ne les « sentait » pas (comme quand quelqu'un dit : « moi, je *les* sens »), il ne les « repérait » pas (comme quand quelqu'un...). Nan. Généralement, il fallait qu'« on » le lui dise. Et même là : quand des « élus » (comme le peuple du même nom) lui disaient qu'ils « en étaient », tantôt l'avouant, tantôt le proclamant, d'autres se contentant de le dire parce que c'était comme ça, ils étaient parfois déçus de la bovinité du « ah bon » qu'ils suscitaient alors – placidité qu'ils avaient tort de croire feinte, abrutissement qui n'avait rien de travaillé. Gontran Leblaireau en faisait preuve naturellement, sans effort, à bien d'autres propos.

Alors, si l'état dans lequel l'avait mis la (non-) affaire Bousquet ne procédait pas d'une quelconque collusion particulière avec telle ou telle ramification de la diaspotruc, c'était autre chose.

Quelle bouffée délirante s'était donc emparée de Leblaireau ?

C'est agaçant, à la fin. Qu'il nous le *dise*. Parce que, entre nous, ça fait déjà quelques pages que la question court et, ne le prenez pas mal, mais au bout du compte, ça ne nous intéresse malgré tout pas *tant* que ça, non plus – voyez ?

Peut-être alors – je dis ça, je n'en sais rien, mais je vous sens pressé de conclure, au moins sur ce chapitre, alors je me lance –, peut-être, disais-je, était-ce paradoxalement pour sortir enfin de la « question » juive, de l'exception.

Que justice soit proprement et vraiment rendue une bonne fois pour toutes.

Qu'on en finisse avec ces conneries de persécutions et les complexes de toutes sortes que les survivants en nourrissent.

Pour vivre dans une société qui n'avait rien à se reprocher concernant telle ou telle des composantes de sa « mosaïque ». Et dès lors, que tous les connards que Leblaireau croisait dans la rue soient égaux devant la loi, face à l'Histoire et à sa mauvaise humeur chronique. Français – et à ce titre insultables, haïssables « normalement », plutôt que ce « peuple qui a beaucoup souffert » et qu'on n'en finirait jamais de se sentir forcé de plaindre tant que les comptes n'auraient pas été remis en ordre, plutôt que ces égards particuliers que sont en droit d'exiger les descendants de suppliciés. Voyez le merdier ? On n'en sort plus, dès qu'on met le doigt dedans.

Ou peut-être Leblaireau était-il juste un de ces connards qu'un enfant arraché à sa mère avant d'être envoyé vers une mort atroce émeut. Allez savoir.

Avec la nature humaine – et avec le caractère français –, tout est possible.

17

L'esprit français 1 : Les deux infirmes

L'Esprit français de la deuxième moitié de ce siècle s'incarne en deux postures, deux poses complémentaires et concurrentes : l'« Intello de gauche », l'« Anar de droite » – soit, pour reprendre l'expression si juste de Bernard Frank, deux « panoplies » radicalement différentes.

L'Intello de gauche, est, au hasard de ses âges, un Sami Frey ou un Michel Piccoli écrit par Jean-Loup Dabadie et filmé par Claude Sautet. Tweed doctement râpé, cachemire savamment élimé, adresse rive gauche, celle du cœur. Un avis sur tout. Humaniste éclairé revenu de ses enthousiasmes de jeunesse, tout en conservant le goût masochiste des contradictions. Confort oblige, n'est-ce pas.

Si on s'en tient à nos catégories de tout à l'heure, donc, un « proustien », d'une certaine façon. Parce qu'il est bourgeois et que les bourgeois, dans l'ensemble, tentent de vivre comme dans Proust – en aristos raffinés – ou comme l'idée qu'ils s'en font. Proustien, surtout, dès lors qu'*a priori*, sous peine d'usurper son titre et sa fonction (« intellectuel », après tout), il l'aura lu. Il est même censé l'avoir compris – compris au point, parfois, d'en faire même un peu profession. Et que je te le dissèque, le cite, m'en revendique. Quelqu'un d'« intelligent », comme on dit, capable de déduire, par exemple, au terme d'un raisonnement tout à fait dans ses cordes, qu'il faut « combattre le racisme », « dénoncer l'antisémitisme » – et plus simplement, que c'est vilain d'envoyer les enfants rôtir.

Après ça, évidemment, l'Anar de droite va vous sembler moins policé, moins convenable – dites-le-lui surtout : vous lui ferez tant plaisir !

Vilain petit canard maussade. Schtroumpf grognon, incurable rabat-joie.

Nouar c'est neuoir, il se fout au cul l'espoir. Stratège de troquet, anachorète de banlieue sud-ouest, ermite imprécateur, ricaneur mondain. Chaque fois, on l'a compris, la grossièreté affichée d'un désespoir secret, d'une « blessure », le pauvre, d'un altruisme déçu ; écorce rude sous laquelle on est prié de croire sans avoir vu que le cœur est bon.

A eux deux, ils nous composent un bouquet de conceptions extrêmes, identiquement erronées dans leur opposition symétrique, du Concept et de l'Abstraction.

Je m'explique.

Le premier nous propose une version plus ou moins althussérianisée de la figure de l'Honnête Homme, du philosophe bon vivant, il extrapole, parabole, fait du trapèze éthique, décrète dans le vide. Pérore. Publie. Pétitionne. En toute chose, c'est un « théorique ». Il ne laisse pas les brouillards du réel et de l'anecdote clouer au sol les chasseurs bombardiers de sa pensée.

Réponse du berger à la bergère, l'autre, le ronchon inconsolable, va du coup mettre un point d'honneur à faire voler sa propre réflexion au ras des pâquerettes, abdiquant, sans même avoir essayé, toute espérance de voir l'esprit humain se hisser au-dessus des réalités des corps, déchaînant les tomates gâtées de l'Humain trop humain sur quiconque voudra faire reprendre en chœur le plus innocent refrain métaphysique (« Il va pleuvoir ! » croasse l'Anar de droite depuis le fond de la salle. « Métaphysique il va pleuvoir ? » Le parterre croule de rire. Sur scène l'orateur tente de récupérer l'assistance : « Chers amis, je vous en conjure – j'essaye d'exposer une théorie. » Trop tard ! Le mal est fait. La foule est d'humeur luronne, soudain : « Une théorie ? Qu'on l'encule ! » « A poil ! » etc.).

En politique, par exemple, l'Intello de gauche choisit son camp. Il aime d'ailleurs tellement ça, choisir son camp (même quand c'est un camp à « camps », d'ailleurs ; au contraire, ça fournit matière à sophisme, justifications, puis doux repentirs, jouissive contrition), qu'il n'arrête pas d'en choisir, pour le pied, des camps, les camps – et leurs « camps » – cessant vite d'importer.

Esprit fort à qui on ne la fait pas, l'Anar de droite, lui, fine mouche, ne tombe pas dans ce genre de panneau. Sa sagesse des faubourgs renvoie « tous ces cons » dos à dos. C'est la tradition ni-ni, comme disait Barthes. 'Tention ! Faut pas confondre. C'est pas un militant, lui ! C'est un homme libre ! Z'êtes pas près de l' voir marcher au pas !

Autrement dit, parce qu'il faut bien avancer, l'un (affidé du « tout-concept », ignorons la vie, l'épreuve des faits, le monde et l'homme tels qu'ils sont pour divaguer sur ce qu'ils devraient être – de force s'il le faut), l'un, donc, encule les mouches ; l'autre (« au diable ces bavardages attrape-couillons! » L'homme *est* et ce qu'il est, j'aime mieux vous dire, c'est pas joli-joli!) passe derrière, racle l'orifice encore fumant des insectes malmenés par le premier et s'en fait alors des petits pots de foutre mêlé de sang et de merde où il trempera sa plume.

Dans les deux cas, rien de très *fécond* : les espèces, que l'on sache, et les idées encore moins, ne se perpétuent pas en passant par le petit ou en barbotant dans le purin.

Par exemple, et pour retrouver nos deux pôles, nos deux balises, quand bien même il fut légitimiste, Proust était un Intello de gauche. Quand bien même il aura soigné le peuple, Céline fut un Anar, sans doute, mais, ô combien, de droite.

On ne sait ce qu'on doit préférer.

Et là, s'agissant d' « Esprit français », un troisième nom vient s'inscrire.

Arouet le roué. Oui, au fait, Voltaire était-il un Intello de gauche, ou un Anar de droite ? On n'aura malheureusement pas résolu grand-chose en répondant : un peu des deux. Que lui aurait inspiré l'affaire Bousquet ? Eût-il mis autant d'ardeur à le faire condamner qu'il en dépensa pour innocenter Callas ?

Difficile, on s'en doute, de savoir.

A défaut, rien n'empêche d'examiner ce qu'en faisaient, alors même que Gontran Leblaireau trayait la misère sexuelle de ses contemporains, les gens sérieux, les beaux esprits, les Intellos de gauche.

Et, dans leur coin, les esprits forts, les maugréants, les Anars de droite.

Z'allez voir, ça tient en quelques lignes.

18

L'esprit français 2 :
La trahison des pas très clairs

Dieu sait pourtant qu'au moment de protester, en France, mon vieux, on a ce qu'il faut! Tout particulièrement, en matière d'antiracisme, ce ne sont pas les bons apôtres autoproclamés qui manquent : Intellos de gauche, porteurs de petites mains jaunes, juifs de carrière – autant de gens censés prendre l'affaire Bousquet à cœur. Nous sortir le grand jeu, mobiliser la génération des « potes », rameuter l'opinion, en faire une question de vie ou de mort de la dignité républicaine retrouvée.

Au besoin, même, faire, pour certains d'entre eux, jouer leur relation « privilégiée » avec le Président.

Eh bien non. Calme plat.

Les penseurs engagés ont d'autres engagements dont ils ne peuvent se dégager, sont engagés par ailleurs, ils vous remercient de votre invitation, une autre fois peut-être.

Dommage, car là, en plus, l'occasion était belle. Le coup presque facile. Pour une fois, cela eût pu vraiment servir à quelque chose de gesticuler et de blablater!

Ce n'est pas forcément toujours le cas. On s'en souvient, n'est-ce pas, après guerre, à l'occasion du débat tarte à la crème sur l' « Engagement » (comme dans « littérature engagée », « écrivain engagé », « chanteur engagé » – à l'époque et pour Sartre, l'épithète tenait plutôt du compliment), le fondateur des *Temps Modernes* avait posé la grande question : « Que peut la littérature pour un enfant qui meurt ? »

Du haut de son tonneau, même ce sergent recruteur avait dû se rendre à l'évidence : pas grand-chose. Rien.

Mais si les Belles-Lettres et ceux qui en croquent ne peuvent rien pour l'enfant qui nous quitte, en revanche, ils eussent pu tant *contre* un vieillard abject encore en circulation.

Je ne parle même pas d'écrire des livres sur le sujet – loin de moi l'idée de les arracher à ces sommes, à leurs amours, nombrils ou généalogies consacrées, que nous attendons tous avec l'impatience qu'on imagine – mais de ces mille choses que nos écrivains font d'ordinaire si volontiers et si bien. Tribunes libres, pétitions, conférences de presse, lobbying, « activer » leur réseau. Et ce, exceptionnellement, avec en plus, pour une fois, la perspective d'une rétribution immédiate de leurs efforts : écoutez, c'est pas compliqué, s'ils réclament un procès d'une voix assez puissante, s'ils réussissent à faire assez de tintouin, la vieille ordure est jugée. Le débat s'engage entre les audiences. L'abcès est vidé. La France va mieux. Elle peut, sinon sans rougir, du moins avec la sérénité de quiconque fait ce qu'il faut, regarder en face son passé (les survivants, les familles des victimes), son présent (sa politique raciale, même si ça ne s'appelle pas comme ça) et son avenir (où tout, en matière de « pire », cesserait enfin d'être possible, dès lors qu'on admettrait enfin que tout l'a malheureusement jadis été).

Las. Même avec ce genre de timbale à décrocher, l'escalade n'en tente aucun. Incroyable, quand on les connaît.

Quel boulet invisible les retient donc ?

Aucun vent malin n'est venu les enrouer, aucun rhumatisme ne leur fige le poignet. Rassurez-vous. Ils se portent comme des charmes et sur d'autres fronts, d'autres dossiers, brûleraient de servir. Simplement, là, on leur a discrètement fait comprendre : là, le Président n'est pas pour. Oui, je sais, d'ordinaire, les manipes du pouvoir, c'est mal vu par nos sentinelles, nos vigiles éthiques. Eux qui aiment tant dénoncer les « dérives » !

C'est possible, je ne dis pas le contraire, mais pas cette fois. Cette fois, pour être intellectuel, mon bon, on n'en conserve pas moins des convictions, et du coup, si le Président n'est pas pour, ça change le ballon de place. C'est plus un péno qu'on tire. C'est en touche qu'on dégage. Non parce que, voyez-vous, il ne faut pas embarrasser le Président. Le Président a déjà tant de soucis ! Et puis surtout, rentrez chez vous, dormez tranquilles, le Président sait ce qu'il fait. Malin comme il est, pour donner à ce point l'impression d'être aux fraises, c'est qu'il a un plan, c'est une ruse. Attendez, attendez, là : vous n'êtes tout de même pas en train d'insinuer que la « paix civile » que notre Président tient tant à préserver servirait à protéger un collabo ! Pourquoi ferait-il une chose pareille ? Ce serait pire qu'un crime : une crotte de pigeon sur sa statue équestre ! Pensez bien qu'il est au-dessus de ça. C'est à des idéaux, des desseins supérieurs (forcément sup...) qu'il obéit. Tss tss! Hommes de peu de foi! Naïfs! Innocents que vous êtes. Vous ne le connaissez pas. C'est un matois. Un rusé renard! Un Médicis. Un Florentin!

Du moins est-ce là ce que nous sert Serge July dans *Libération*. Oh le président, 'tention! Un sphinx. Un Bouddha! Le Vieux sur la montagne. Il parle par énigmes, c'est le fait des esprits supérieurs. Zarathoustra, à côté, il présente le Vingt-Heures. Impénétrable! Ne jamais se fier aux apparences, avec lui.

Mais pas d'angoisse. Moins vous pigez, mieux c'est : c'est-y pas rassurant de se sentir entre les mains d'un homme comme ça ? Auquel on ne comprend rien ? C'est s'il était limpide qu'il faudrait s'inquiéter. Ça voudrait dire qu'il est aussi con que nous. Que là, pas de bile à se faire, à voir comme il déroute, papy, t'aimerais bien avoir son QI comme salaire annuel.

Et ça marche, dis donc. Si. Sur le bon peuple, je ne sais pas, mais sur les clercs, c'est un carton! Au début des années 90, les contestataires sont sous tutelle, les indignés émargent à l'Élysée. Le charisme est tel, vous comprenez. Le magnétisme de l'homme! On est sous le charme. Toisé, intimidé, hypnotisé par cette intelligence hors norme, et cette langue qu'il parle, je ne vous dis que ça. C'est simple : on ferait n'importe quoi pour être réinvité.

Ce silence, cette lâcheté, cette bêtise ne seraient rien s'ils n'avaient pas d'effets secondaires.

Mais avec leurs conneries, ces guignols déconsidèrent et discréditent ce qu'ils se sont indûment approprié : les choses de l'esprit, l'usage de la langue. En un mot la « pensée », qu'ils ont confisquée.

Oui, les premiers violons de notre intelligentsia geignarde, hélas, ridiculisent bien plus qu'eux-mêmes. D'un autre côté, hey, bonne pioche ! Plan malin ! Quel meilleur moyen de préserver son monopole sur la « culture » que de s'arranger pour en dégoûter les autres ?

Et ça, ça marche aussi, dis donc ! Tandis que nos maîtres à penser ne font pas leur travail et mésusent des pouvoirs que la nation leur prête, en réaction, ceux qu'une telle incurie scandalise tombent dans le piège, renoncent et se « suicident » le cerveau : si ce sont ces gens-là les « intelligents », si l' « intelligence », c'est *ça*, Dieu, aidez-moi à être idiot.

Si c'est ça la « culture », je vais aller voir des films où parlent les revolvers.

Du coup, la Raison n'est plus défendue que par des jean-foutre et des fripons poseurs qui la trivialisent. Tandis que la bêtise, elle, même s'ils ont embrassé sa cause par dérision et apostasie, se voit, n'en revenant pas de l'aubaine, épaulée par les vrais talents de son époque, au plus grand profit d'authentiques imbéciles et des vrais méchants cons qui n'en espéraient pas tant.

L'esprit – l'Esprit français –, a décisément des coquetteries lourdes de conséquences.

C'est bête et pourtant c'est comme ça : chaque fois qu'un éditorialiste gauche-caviar vient faire la morale dans le poste avant d'aller dîner chez Lipp, le racisme progresse dans des HLM.

Chaque fois que les grands mots se prennent pour un remède, on se retrouve avec des skins. Avec des Anars de droite.

C'est peut-être comme ça qu'en d'autres temps, on s'est retrouvé avec des Céline.

19

L'esprit français 3 :
L'éternel franchouillard

Ah, celui-là ! Comment parler de la France et de ce qu'elle a en tête sans en passer par lui !

S'ils croyaient en Dieu et aux papes, les Anars de droite auraient depuis belle lurette réclamé la canonisation du docteur Destouches.

Dans la légende dorée qu'ils entretiennent, rien de ce qu'a pu par ailleurs écrire, penser, dire, l'écrivain Louis-Ferdinand Céline ne saura écornifler la figure admirable du « médecin des pauvres ». Et ainsi va le chromo : personne ne prend un parti aussi absolu, radical, christique, que Céline – qui, saint Vincent de Paul aux sourcils froncés, s'en va côtoyer et, plus tard, documenter les humbles et les sans-grade. Qui dit mieux ! Que la Bourgeoisie « politiquement correcte » coalisée contre lui commence donc par en faire autant, tiens. Alors seulement pourra-t-elle la ramener à propos des « pamphlets », comme ils disent !

C'est très joli, vraiment. Ça donne envie de le lire. Dont acte.

Oui, et là, dis donc, de fait : surprizzz !

Ah ça, pas de doute, ça sort de l'ordinaire. Où trouver ailleurs une telle jubilation dans le sordide ? Qui d'autre a de la sorte, un peu comme John Ford aura un jour décidé de tourner des westerns, arrêté que la boue serait son royaume, conquis et administré à coups d'aigreur cultivée, de dégoûts arrosés chaque matin, entretenus comme un fonds de commerce.

Même sa fidèle dactylographe, tout émue, se souvient encore du jour où, l'œil irradié, la voix tremblante, il lui crache comme un précepte sacré qui résume et résout tout : « Noircir. Il faut noircir, il faut tout noircir. » C'est un point de vue.

Entre ça (« Noircir ! Raaaah ! Noircir ! Tout noircir ! » – on dirait Mabuse, dans sa cellule, rédigeant son testament), entre ça, donc, et les fadaises des *Lettres à un jeune poète*, en matière de « recettes d'écriture », les apprentis « premiers romanciers » sont décidément gâtés !

Noircir, noircir ! Systématiquement, gratuitement, par principe – soit. Mais tout cela, du coup, pour douloureux et héroïque qu'on veuille bien imaginer qu'en ait été la rédaction, reste une solution de facilité. Du Mme de La Fayette – voire Louise de Vilmorin ! – c'est plus difficile à écrire que *Mort à crédit* et ce qui vient ensuite.

« Il était sincère, lui ! » proteste-t-on sur les bancs de ses zélateurs. Admettons. Sa bonne foi jusque dans l'abjection, sa probité dans la haine rendent sa cause plaidable pour ceux que ça arrange, « intellectuellement », de s'y essayer. Mais à force, cette « incorruptibilité » même, son ascèse, deviennent suspectes. Souvenons-nous : « Nos vertus ne sont souvent que des vices déguisés. » Ainsi, il n'aimait pas – entre autres ! – la « vie littéraire ». C'est son droit, mais qu'est-ce que la « vie littéraire » ? Être parfois flatté par des gens dont c'est le métier, traverser trois fois l'an un cocktail où gloussent de jolies femmes, être assuré d'une bonne table sans réservation – rien, là, c'est clair, qui puisse remplir une existence. Mais quiconque *détestera* « ça » ferait bien de consulter : au-delà de la simple « vie littéraire », c'est juste *la vie* qu'il n'aime pas.

Dès lors, on comprend mieux : « Noircir ! Noircir ! » Effectivement.

Et, si l'on ose dire, il annonce la couleur. Laissons-lui ça.

Mais tout ce qu'on lui a pardonné parce qu'en plus d'être ce qu'il était il était aussi Céline a fait, tragiquement, jurisprudence. Ainsi doit-on compter depuis avec tous ses épigones, satellites et effets secondaires.

Vous me direz, d'un autre côté, si l'on admet qu'avant d'être médecin, Céline était surtout malade, on ne s'étonne plus ensuite qu'il ait été si contagieux.

Céline, c'est comme l'accent belge, tout le monde semble persuadé de pouvoir l'imiter. Et comme celui de feu Coluche, son nom sert de caution à un peu tout ce qu'on veut et son contraire.

L'homme est imprévisible, vous savez : à force de le voir si bien accabler la « Petite Ceinture » et les gens de peu, les inonder de bile, les agonir de glaires et d'invectives, simplement parce que, chemin faisant, il « en » parlait, d'aucuns auront déduit une paradoxale fierté, une perverse esthétique du moisi.

Au lieu de s'y sentir accusés, les Thénardier y ont lu la restitution de leur honneur perdu, l'inscription, l'introduction de la grogne populacière en littérature.

A partir de là, la démonstration que la gouaille et la mauvaise foi peuvent fournir de belles pages prend valeur d'encouragement, d'exhortation à dégueuler. Libre à n'importe qui, soudain, de faire passer complexes, jalousie et esprit de revanche pour un cri de détresse et de révolte sociale.

Parce qu'il a amené ses logorrhées jusqu'à des dimensions poétiques, il en a banalisé, dédouané la teneur et les relents. Désormais, la rogne est une école philosophique.

On aurait pu croire que Céline, l'auteur préféré des autodidactes, allait désinhiber l'écrivain tapi chez certains illettrés, déverrouiller, pour les exclus de la culture officielle, l'accès à la chose « livre ». S'il l'a fait, il a plus massivement encore décomplexé le beauf homme de lettres et inauguré le mouvement « Salauds de pauvres » : gerbe et charabia.

Après Céline, du moment que ça insulte, tout devient « style ». Phrases nominales, adjectifs substantivés, points de suspension, élisions, négations tronquées – un peu comme l'imbécile qui croit qu'en dessinant « mal » il fait « du Picasso », sa descendance littéraire lui dédie l'« écriture du viscère », aussi dogmatique et conventionnelle en son genre que celle de l'« esprit », prônée en face chez les académistes.

Céline, le pauvre (oui, pour le coup, on le plaint. Même l'auteur de *Bagatelles pour un massacre* ne mérite pas certains de ceux à qui le *Voyage au bout de la nuit a* « donné envie d'écrire »), est devenu une excuse en or pour penser n'importe quoi, l'écrire n'importe comment et mieux encore : ne rien faire.

Mais oui : censément, toute la hargne des Anars de droite procède au départ d'un vigoureux et vertueux sursaut moral. Qu'à cela ne tienne ! Allez-y, les gars ! On vous regarde.

Vous aussi, comme les Intellos de gauche, René vous fournit une occase en or, un prétexte cuvée spéciale à grandes envolées maussades et revenues de tout. Eh bien voyons, qu'en est-il ?

Posons la question : tandis que René coule des jours paisibles, bien à l'abri sous le parapluie de la « paix civile », que font, que disent les libertaires, les gavroches, les « râleurs magnifiques », les irréductibles Bussières ? Les enfants d'Audiard ? Où sont-ils, eux qu'un chat perdu (de préférence l'un de ceux de ce vieux con de Léautaud) fait paraît-il pleurer, eux dont nos mollassonnes institutions social-démocrates soulèvent les cœurs d'enragés ?

Réponse : les Anars de droite ont tous des grandes gueules, mais, si on regarde bien, rares sont ceux qui pissent plus loin que leurs pompes.

Eh ! C'est qu'il s'agit ici de réclamer un procès.

Or, « réclamer un procès », ça les perturbe. Rien que le mot – « p.r.o.c.è.s » –, pour l'anar en eux, c'est tabou. Les porteurs de l'expédition refusent de continuer plus loin. Comprenez, leur credo, la clé de leur système, le clou de leur spectacle, c'est – soi-disant – se ranger toujours du côté de l'accusé. Dès lors, peu les presse d'envoyer dans le box un coupable au secours duquel, malgré tout, ils hésiteraient à voler.

Ces arguties feront rire ceux qui n'aiment pas les Anars de droite. La vérité est beaucoup plus simple, nous soufflent-ils : les Anars de droite professionnels ne s'emparent pas du cas Bousquet, car au fond, au tréfonds d'eux-mêmes, tout cela leur fait l'effet de bourgeois et de juifs qui se dévorent entre eux. Ce n'est pas leur guerre. Ils exècrent les bourgeois. Et, plus ou moins secrètement, ils ne raffolent pas des juifs.

Les Anars de droite ? Antisémites ? Accusation grave !

Force est pourtant d'admettre que nos grandes gueules goguenardes ne sont jamais à l'aise dès qu'il s'agit de Vichy. Évoquer cette période, leur demander de prendre parti, c'est un peu parler de cornes dans la maison d'un cocu.

Toujours, quelque chose leur lie la langue : les « Hussards » de l'après-guerre s'entichaient d'écrivains compromis (chose due ! comme disait l'autre).

Audiard, ancien pigiste de la presse collaborationniste, semblait plus ému par quelques jours d'épuration dans le XIVe arrondissement que par la Solution finale.

Plus près de nous, les si brillants stylistes de la revue *Rive droite*, et d'autres (Marc-Edouard Nabe, tout occupé à la rédaction de son *Journal*), aiment à leur tour faire une paradoxale et naïvement *dandy* « part des choses » entre la vie et l'œuvre d'hommes qui, pour le moins qu'on en puisse dire, n'auront guère été « résistants ».

Mais en leur for intérieur tous changent de trottoir plutôt que de croiser le sujet, pétrifiés à l'idée de se trouver « piégés », amenés à dire, malgré eux, un peu de mal du Maître : Céline, toujours lui.

Même quand on en « coince » un, que, pris dans les cordes, il doit se prononcer, il faut voir l'évasive désinvolture avec laquelle il s'efforce, soit de balayer sous le tapis les fameux pamphlets antisémites (« c'est " à part ", un accident, parlons plutôt de ses chefs-d'œuvre – vous avez relu le *Voyage*, récemment ? Ça tient le coup, non »), soit de considérer somme toute qu'il n'y a pas là de quoi fouetter un chat. Ça, de fait : Mistigri peut ronronner tranquille. Il y a juste là de quoi tuer des gens.

Moralité : les Intellos de gauche sont des couilles molles qui discréditent jusqu'à l'idée d'« Idée »; les Anars de droite, des imbéciles grincheux qui glorifient la connerie et la haine.

A l'arrivée, tu fais les comptes : la France, mieux vaut s'adresser à son cul. Pasqu'entre les uns et les autres, sa tête est salement malade.

20

Une superbe « orientale »

Le vénérable hôtel de Crillon qui, situé comme il l'était, avait dû en voir d'autres, était tout de même ce jour-là sens dessus dessous. La présence de la chanteuse Madonna et de son entourage provoquait une telle agitation qu'au milieu du ballet confus des flics d'hôtel, gardes du corps, paparazzi, et chasseurs d'autographes, personne n'avait pris garde à l'arrivée de cette jeune femme brune et bronzée, vêtue et chaussée avec une élégance irréprochable, en dépit de bijoux portés dans des tailles et des quantités excessives. Mais l'autorité de son port et la perfection de ses traits désamorçaient ce genre de considération.

Le sourire dont le jeune réceptionniste se fendit en la voyant fut peut-être un peu moins forcé et impersonnel que d'ordinaire. Il débita les formules de bienvenue mises au point par sa direction, et demanda à la jeune femme sous quel nom sa réservation avait été enregistrée. Cette dernière lui répondit en souriant.

« Frank. »

Le réceptionniste pianota sur le clavier de son ordinateur.

« France, vous m'avez dit ?

– Non. Frank.

– Ah oui, pardon. Francque – Q.U.E, comme Clovis ?

– Presque, mais pas tout à fait, corrigea la jeune femme avec une indéfinissable touche de malice. Frank – A.N.K.

– Ah oui. Voilà : Anne Frank – comme le... Ahem.

– ... comme le Journal, *oui. Ne rougissez pas, j'ai l'habitude. »*

Écarlate, le réceptionniste tendit une petite pochette en carton à un jeune homme en livrée.

« Bienvenue au Crillon. Le chasseur va vous accompagner jusqu'à votre suite. »

Parmi les boudins, les tas de ruines, les cageots de la maison Tellier, bobinard de Fécamp, Maupassant note comme « Madame » a pris garde d'inscrire au catalogue, entre Rosa la Rosse et Fernande qui « représente la *Belle Blonde* », « Raphaëlle, une Marseillaise, roulure des ports de mer » qui « joue le rôle indispensable de la *Belle Juive* ».

S'il est « indispensable », le « rôle » en question est en l'occurrence piteusement défendu : le portrait que la suite du paragraphe brosse de l' « interprète » ne fait guère envie ; à la place de Robinson ou du légionnaire, on préférerait la chèvre. Mais si, tout comme « belle blonde », « belle juive » répertorie effectivement l'un des types féminins que les messieurs convoitent, alors, dans le genre, celle qui nous occupe, elle, vaut en revanche le détour ou le coup de bite.

Là, il faudrait Gérard de Villiers, grand écrivain français de la fin du XXe siècle, pour décrire ce corps-là comme il faut. Les cuisses sont... ? ... *Fuselées*, bravo. La chair est... *Élastique*. Merci monsieur. On continue : la poitrine est... *Pleine* ? Mouais. Peut mieux faire. ... *Pigeonnante ?* Mmm – allez, un effort. ... *Ressemble à un continent qui attend impatiemment d'être découvert*. Eh ben voilà ! Je savais bien ! Poursuivons : L'œil ? ... *De braise*. La paupière ? Un rien *lourde*. Les cils ? *Longs et soyeux*. Oui ! Allez ! Elle est juteuse comme une orange de Jaffa. Sophie Marceau dans *Pour Sacha*, avec l'air futé en plus, si votre imagination va jusque-là.

C'est une Gina Lollobrigida jeune, un rien bougnoule levantine, qu'on sent experte en poses d'odalisque. Une Salomé capable de danser longtemps après la chute du septième voile, all nite long, le temps d'allonger un peu la liste des péchés capitaux.

On pense aussi, bien sûr, à Esther dans *Splendeurs et misères des courtisanes*, quand Balzac explique qu' « elle attirait soudain l'attention par un trait remarquable dans les figures que le dessin de Raphaël a le plus artistement coupées, car Raphaël est le peintre qui a le plus étudié, le mieux rendu la beauté juive ». Toujours assertif, Honoré. Un rien « dogma' ». Mais pour le coup, on lui fera confiance. Et si c'est l'auteur de *La Mise au tombeau* qu'il faut pour peindre notre ressuscitée, qu'à cela ne tienne, on n'est pas comme ça, Raoul Bitembois n'est pas chiche : qu'on aille me chercher Raphaël !

En attendant qu'il plante son chevalet, continuons à lui préparer le terrain. Autant qu'il s'y prépare : les lèvres, par exemple – les lèvres ? ... *pulpeuses, délicatement ourlées* –, exigeront quelques essais de couleur avant d'être fidèlement rendues : sombres, bistre à reflets grisés, elles postulent des aréoles et tétons qui, dans la pénombre de l'alcôve, doivent parfois sembler noirs, et une vulve dans les mêmes dégradés, charnue, cramoisie à reflets d'ardoise, brillante, poisseuse pour un rien, le contraire de ces dragées de baptême, charmantes, certes, mais toujours un peu trop à l'eau de rose que sont les founes de véritables vraies blondes.

Or celle-ci a le poil noir !

D'un noir bleu, réchauffé par la matité de la peau. Le soin qu'elle prend à l'évidence des deux laisse augurer la fille capable de rendre la mèche qu'elle gardera à dessein sous les bras « sexy », en même temps qu'elle ira sans ciller claquer un salaire de manœuvre dans une épilation du « maillot », pourvu que ce soit chez *l*'esthéticienne de Deauville ou de la Muette.

On soupçonne du coup la menace, la possibilité des mêmes attitudes « à gifler » que Debra Winger parfois. Des simagrées d'Elizabeth Taylor jeune (dont elle possède aussi, comme nous l'avons dit, les nibes invraisemblables). Des côtés « crainte », autrement dit. Quelque chose de la *Jewish American Princess*, affinée, heureusement, à force d'Europe et assagie en kibboutz.

Nonobstant : un peu pétasse Sentios, fille à papa, un « genre », quand même, à se faire bourrer dans la voiture, par un marchand de jeans et de doudounes en Porsche, précisément *parce que* le gros con gourmetté à charnue teube circoncise (je n'ai évidemment pas vérifié, mais l'Idéologie, dans son fantasme, peint traditionnellement le sémite membré) roule en Porsche.

D'un autre côté, pourquoi s'en priverait-elle; n'est-ce pas aussi à ça que sert la vie, quand on ne vous la retire pas brutalement avant l'âge : à piner ou à se faire mettre par des gens dont on voudrait pas dans son salon, mais qui, sur le coup, constituent une « expérience », feront un souvenir. Si elle avait vécu jusqu'à l'âge de ces choses, la petite fille qui écrivait des contes dans un grenier avant que des brutes ne viennent l'emmener mourir aurait forcément eu des amants que le mythe né de son martyre rend artificiellement indignes d'elle. En tout cas, c'est tout le mal qu'on lui eût souhaité.

A présent que nous la ressuscitons, installée pour toujours dans une sorte d'âge d'or de sa féminité – disons une trentaine « imminente » –, elle existe sur tous les tons, tous les modes : hiératique et altière, aussi bien qu'à l'occasion mijaurée friquée, snobinarde, thune-oriented, sans cependant jamais cesser d'exprimer, en puissance, cervelle de jolie feuje pour cervelle de jolie feuje, comme ne serait-ce qu'un cinquième de l'intelligence de Hannah Arendt. Ce qui en attendant fait déjà mine de rien et de crayon plus que la vôtre et la mienne, et accessoirement celle de Bernard-Henri Lévy, conjuguées.

La jeune femme brune demanda à son chauffeur de passer devant l'immeuble où habitait son objectif et de ne s'arrêter qu'une centaine de mètres plus loin. En la voyant descendre de la Jaguar bleue, des terrassiers émirent quelques sifflements. Si sa beauté provoquait leur admiration, son tailleur Chanel et les bijoux en or dont elle s'était chargée en plusieurs endroits les firent maugréer. C'est le quartier qui voulait ça : encore une pute de luxe en route pour éponger un vieux.

D'une démarche souple et alerte, elle arriva devant le 34 avenue Raphaël. L'une des adresses les plus huppées de Paris. Quelques manifestations en avaient troublé la dissuasive quiétude. Une plaque avait même été vissée pendant quelques heures – vite enlevée, bien sûr –, dénonçant aux passants l'infamante identité de l'un des résidents. Ce jour-là, cependant, seuls des cris et des rires d'enfants venaient se mêler aux bruits des automobiles.

De l'autre côté de la rue, des mères, mais le plus souvent des gouvernantes, poussaient des landaus entre les pelouses des jardins du Ranelagh. Si l'homme qu'elle allait voir avait gardé le goût de rafler des enfants – et des enfants juifs en particulier –, il n'avait qu'à traverser la rue et faire encercler les balançoires et le bac à sable.

Vierge sacrifiée, morte comme Jeanne d'Arc, pucelle. Sainte Innocente massacrée, elle revient dans un corps euphorique, splendide. Le corps que la barbarie l'a empêchée de vivre assez vieille pour afficher un jour, mais qu'elle se voit restituer ici, pour l'éternité, « au centuple », avec dommages et intérêts.

Un corps fait pour jouir, venu remplacer celui de son martyre. Un corps d'Ève future frottée de judaïsme. Un corps dont on puisse se dire : si Marie-Madeleine avait eu celui-là, le synopsis du Nouveau Testament s'en trouverait changé. La fin ne serait peut-être plus la même. Elle ressemblerait plus à celle de *Pretty Woman* : le héros épouse la fille de joie, ils vivent heureux et font beaucoup d'enfants.

Elle vit, elle porte de l'or, « couverte », comme dirait Baudelaire, « de bijoux sonores, dont le riche attirail lui donne l'air vainqueur qu'ont dans leurs jours heureux les esclaves des Maures ».

Elle parade dans des fringues hors de prix, au label ostentatoire. Toute en cheveux sombres, peau sombre et sombre dignité.

Eh ouais, douce France, cher pays de mon enfance : elle est feuje. Elle est superbe. Elle vous emmerde.

21

3615 Écarte

La maîtresse de maison reposa son verre.

« Et vous, monsieur Leblaireau, vous faites quoi, ces jours-ci ? »

Les mois, en passant, n'avaient entraîné à leur suite ni le procès de René, ni la fortune de Gontran Leblaireau. Sa *Marquise* était sortie à cinq heures en vain, dans l'indifférence générale. La polissonnerie « haute société » n'affolait plus comme jadis. Quant aux *Aventures de Catherine Deneuve*, il leur restait encore à décider un éditeur.

« C'te bonne blague ! Vous avez peur des tribunaux », avait ricané Leblaireau en essuyant son énième refus.

« Non, lui avait-il été poliment rétorqué. Du ridicule. C'est une idée débile. Vous êtes un maniaque. Laissez cette dame tranquille. Ce sont des gens comme vous qui appellent les femmes seules la nuit et respirent fort dans le combiné. »

A ceci près qu'en ce début des années 90, les maniaques ne téléphonaient plus. On leur avait inventé mieux. Et l'argent qu'il ne pouvait leur prendre en leur vendant des livres, Gontran

Leblaireau avait résolu de l'encaisser en leur fournissant de quoi écrire : un vide écran que sa luminosité ne défendrait pas.

Maniaque pour maniaque, il avait pris en marche le train que déplaçait un nouveau médium vénéneux, boîte maudite, pratique addictive, ruineuse, parfois plus que l'alcool et le tiercé, intrusion du diable et de ses tentations dans les foyers : le « Minitel rose ».

Ainsi, depuis quelques semaines, à n'importe quelle heure du jour et de la nuit, ceux qui le désiraient pouvaient-ils se « connecter » à l'un des « codes » mis à leur disposition par Leblaireau. Ils adoptaient un « pseudo » et « dialoguaient », *incognito*, avec d'autres anonymes. Ainsi protégé du qu'en-dira-t-on, on s'en racontait donc allégrement des vertes et des pas mûres !

Maintenant, si tous les « connectés » écrivaient à l'évidence d'une main, tous n'étaient pas manchots pour autant. Pour paraphraser Du Marsais, il se faisait plus de figures (de style) dans certains « scénarios » que dans six mois de « collection blanche » ou de « jaquette beurre-frais ». Et savoir que sous la plupart des « pseudos » féminins se cachaient en fait des pères de famille ne gâchait rien à l'affaire. Au contraire ! Raison de plus ! Un homme qui se met dans la peau d'une femme pour écrire, c'est le début de la littérature. Ainsi, chaque soir, sous couvert de « belle bourgeoise bcbg rech scen hard », pianotent en fait des dizaines de milliers de « Madame Bovary, c'est moi ».

En même temps, qu'on n'aille pas exagérer non plus et se représenter le grand livre dont Mallarmé rêvait, dispersé par bribes au hasard de ces échanges d'obscénités.

« BSR. TU CH. QUOI ? »
« SCEN. HARD. »
« TÉL. ? »
« ÉVENTUEL. MNTL D'ABORD. »
« RÉEL ? »
« NON. »
« OK. BYE. »
« BSR. ON SE FAIT UN SCEN. ? »
« BOUTIQUE DE LINGERIE. SUR LA PORTE, UN ÉCRITEAU : " CHERCHE VENDEUSE ". TU ENTRES. QUI ES-TU ? CANDIDATE VENDEUSE ? CLIENTE ? »
« CLIENTE. »
« TU ES REÇUE PAR F. 40 ANS, BLONDE, UN PEU DODUE. FORTE POITRINE. HABILLÉE TOUT EN NOIR. CHEMISIER ENTROUVERT LAISSE DEVINER BUSTIER EN LATEX NOIR. DÉCRIS-TOI, ÂGE, TAILLE, MENSURATIONS, DESSOUS. »

Et ainsi de suite.

Ô innocents réseaux de France Télécom par lesquels transitent les pratiques de cette tenancière de boutique de lingerie en latex noir, la punition d'une épouse qui refuse de se raser le pubis, le *Salauds – ou 120 minutes de sodomie télématique* de flics bourrés qui coincent une bourgeoise (toujours des « bourgeoises » ! En fait, avec sa « marquise », Leblaireau avait visé trop haut) pour excès de vitesse et s'amusent avec dans le car.

Chaque fois, les femmes ou prétendues telles qui s'y expriment ou s'y ébattent sortent d'un seul moule : de gré ou de force, ce ne sont vite que dévoreuses, catins gloutonnes, nymphomanes en crue. Toutes, figures sécrétées par une misogynie lamentable, attendrissante au fond, vaincue, amour des femmes paniqué – pas niqué ! – de lui-même, misère enrobée de papier alu, peinte pour la galerie couleur de levée des tabous.

L'occasion de vérifier combien l'expression « fantasmes de camionneur » est une tautologie – ou un pléonasme, je ne sais jamais. Pour madame comme pour monsieur, un « fantasme », quand c'en est un et si c'en est un, s'enrichit forcément d'un quelque chose de « camionneur ».

Tout va bien. Barbara Cartland fournit des princes charmants aux rêves de ses lectrices. La pornographie conforte leurs maris dans le *wishful thinking* de salopes prêtes à tout, vicieuses, soumises jusqu'à la gouinerie, la partouze, des masochismes absolument délirants. Tant qu'ils en restent là, ni elles ni eux ne font de mal à quiconque. Ils trichent. Ça les aide juste à tenir. Oui : dans la vie, les chefs de famille pètent au lit et les épouses sont migraineuses.

Mais là, mon petit bonhomme, là ! Le moindre contact, une main de rien du tout posée sur la cuisse, déjà, elles dégoulinent, dis donc. La mousson dans le Lejaby. Des machines ; des chiennes de Pavlov.

L'occasion, aussi, de vérifier qu'en terre d'origine de l'Amour courtois, du marivaudage, du Divin Marquis, des soubrettes délurées, d'*Emmanuelle*, d'*O* et du *french lover*, les bites ne turgescent et les muqueuses ne sécrètent guère autrement, guère plus « subtilement », que dans le bénouze d'un commis boucher des abattoirs de l'Arkansas ou sous les jupes d'une dentellière de Bruges.

Et si *french lover* il y a, la spécifique *frencherie* de son *loving* se manifeste semble-t-il surtout avant et après la chose. Suavité des préliminaires. Courtoisie du lendemain matin. Mais pendant ! Grands dieux, on souhaite à ses maîtresses qu'il leur réserve et prodigue la même muflerie d'alcôve que n'importe quel rustre étranger. Un peu de « est-ce que tu le sens ». Avec Ronsard et Laclos derrière ou sur l'épaule, si vous y tenez – en accent circonflexe, en Jiminy Cricket, certes. Mais le fond de l'histoire, ça reste quand même la trompe d'éléphant pour une famille de douze et voir comme elle coulisse.

La preuve, enfin, qu'au royaume prétendu d'un certain « art d'aimer », tristes sens et frustration sont choses aussi bien partagées qu'ailleurs.

Leblaireau s'enrichissait donc grâce à ça. Sur le dos des déçus, des laissés-pour-compte de « la France : pays de l'Amour ».

La maîtresse de maison reposa son verre.

« Et vous, monsieur Leblaireau, vous faites quoi, en ce moment ? »

Ah, ce n'est rien de dire que les conversations « à la française » faisaient moins marrer Leblaireau que dans son souvenir. Cette pompe, toute cette piété avec lesquelles on parlait ici de Bouffe et qui l'avaient tant fait saliver du temps de son exil l'amenaient désormais au bord de l'occlusion intestinale.

C'est que depuis, question tortore, il s'était rattrapé. Il avait bouffé. Bu. Grossi. Et, la peau du ventre bien tendue, merci petit Jésus, il se demandait si tout ce qu'il y avait de dandy et provocant dans ce culte outrancier de la toque et du fourneau était si bien compris que ça.

Par moments, en certaines compagnies, l'art

d'accommoder le turbotin ou les arrière-goûts de poivron d'un moulis semblaient sérieusement constituer, toutes distance et ironie bues, ce qui importait le plus au monde.

Chez les Guermantes, à trop faire de « manières », on néglige la morale. Mais chez les néo-bourgeois bons vivants, quelle part laissait encore le respect des « recettes » à celui des principes ?

Oui parce que, la bonne bouffe était peut-être d'abord ou même exclusivement française, mais rien n'indiquait pour autant qu'elle fût particulièrement patriote. En 40, par exemple, la becquetance élaborée, la clape de tradition n'avaient pas foutu le camp – et certainement pas à Londres. Rationnement, certes. Rutabagas, sans doute. Mais *via* le marché noir et dans certains îlots privilégiés, pour la crème occupante et ses grumeaux collabos, le champagne n'avait pas perdu ses bulles. Les grands crus n'avaient pas tourné au vinaigre pour condamner ce qui se passait non loin de là, au camp de Risevaltes. Paris était resté « Paris ». De quel parti est un miroir, demandait Stendhal – je pose la question : de quel parti est un cassoulet ?

Oui, l'art de « causer » commençait à courir sur le haricot du pélican revenu de ses longs voyages. Et si les dissertations des Brillat-Savarin de barrière l'indisposaient, les débats « immobiliers » (crise, pas crise. Acheter maintenant, vendre, attendre, etc.) lui donnaient envie de poser des bombes et c'est de hurler qu'il se retenait quand on en venait aux éternels problèmes de domesticité (les Philippines sont ceci, les Marocaines sont cela – rendez-nous nos Espingouines d'antan).

Quand le débat tentait de s'élever, de se faire « culturel », ça ne valait guère mieux. Là, par exemple, bâillement, venait de se clore une polémique – encore que le mot soit un peu fort – autour du film d'Oliver Stone sur l'assassinat du président Kennedy.

« Un tissu d'affabulations. Ça fait passer Alexandre Dumas pour Emmanuel Le Roy Ladurie. Le Pentagone et les marchands de canons tuant un président parce qu'il ne veut pas faire la guerre au Viêt-nam ! On croit rêver !

– Une chose, en tout cas, que le film n'invente pas, c'est que ce type n'a pas agi seul.

– Vous n'avez pas compris : il faut envisager l'impact du film au-delà de ce qu'il raconte, dans le cadre de la Vérité Globale. »

Des mobiles et des coupables, Stone n'était pas le premier à en proposer. En bientôt trente ans, il n'avait pas manqué de gens pour dire que, le 22 novembre 1963, Lee Harvey Oswald n'a pas agi de sa propre initiative. On aura ainsi soupçonné, entre autres, les « homosexuels », les Russes blancs, le Dallas Police Department, les néo-nazis, la CIA, le FBI, Lyndon B. Jonhson, le complexe militaro-industriel et le Syndicat du crime. Comme de juste, Stone proposait un panaché.

Son film sortait alors qu'aux États-Unis on « dékennedysait » un peu comme on a déstalinisé en URSS. « Saint John Bouche d'or » hier, voilà « le président que tout le monde aimait » réinventé en Roger Beatty, Warren Vadim devenu président grâce à la Mafia, à seule fin de pouvoir abuser de son droit de cuissage sur ses sujettes, sorte d'impénitent fils à papa monté en graine de Big-Mâle amerloque assez gerbique (toute jalousie inspirée par la liste des super-canons qu'il a sarcés mise à part, bien entendu).

« Moi je vous dis : il faut voir ça comme une contribution à la Vérité Globale. Même si le complexe militaro-industriel n'a pas directement tué Kennedy, sa mort lui a profité. Du coup, grâce au film, le grand public sait que ces gens-là existent et qu'ils sont dangereux. Et ça, c'est salutaire. Donc, en prenant des libertés avec les faits, le film finit quand même par dire vrai et se révéler utile. C'est là où Stone arrive à ses fins. Kennedy n'est qu'un prétexte, une métaphore !

– Trop facile. On peut raconter n'importe quoi, dans ces conditions. Vous trouvez que la presse et le cinéma ne sont pas déjà assez irresponsables comme ça ? C'est de l'abus de pouvoir. Du lavage de cerveau. Si n'importe qui peut réécrire l'Histoire pour donner corps à la première de ses " intuitions ", où va-t-on ! Après, qu'on ne vienne pas reprocher quoi que ce soit aux révisionnistes !

– Ça n'a rien à voir.

– Si c'est la même chose !

– La " vérité " comment ?

– Globale, je crois.

– C'est quoi ?

– Chais pas. Demande-lui.

– Enfin, ce qui est clair, c'est que ce Lee Harvey Oswald était un illuminé manipulé. Un paranoïaque mythomane à qui quelqu'un a discrètement mis un flingue entre les mains. Ça, pour le coup, c'est dur de le nier.

– Je ne sais pas ce qu'est la " Vérité Globale " dont parle notre ami, mais il est vrai que la seule chance d'une reconstitution historique, pour prétendre à une vérité, c'est la stylisation.

– William Shakespeare savait faire ça.

– C'est con, bâille Leblaireau resté muet jusque-là. Il est mort.

– N'empêche : les Américains sont formidables, pour ça. On dira ce qu'on voudra, mais cette faculté qu'ils ont de faire leur autocritique, je veux dire, vraiment : chapeau ! C'est impensable en France. Ici, tout est tabou. Il n'y a qu'à voir combien de temps il a fallu attendre des films sur la collaboration – et encore ! Souvenez-vous du tollé provoqué par *Le Chagrin et la Pitié*.

– Moi je dis, du point de vue de la Vérité Globale, un créateur a le droit de tordre un peu le bras à l'Histoire.

– Et puis, à côté de ça, sur un plan purement cinématographique, quelle claque ! C'est tellement bien fait ! Kevin Costner est formidable !

– Et le petit, là – tu sais, celui qui joue dans... »

Etc.

Oui, décidément, Leblaireau était moins bavard, tout à coup, moins mondain. Moins « brillant ».

La maîtresse de maison reposa son verre.

« Et vous monsieur Leblaireau, vous faites quoi en ce moment ? »

– 3615 Écarte.

– Pardon ?

– J'ai aussi 3615 Tourne-toi

– Je ne suis pas sûre de...

– Mais celui qui marche le mieux, et de loin, c'est 3615 Avale. »

La maîtresse de maison en a du mal à déglutir, précisément.

« De quoi parlez-vous ? J'ai peur de...

– Je fais – enfin, " je fais " – je *vends*, j'exploite, plusieurs codes de Minitel " rose ".

– Ah oui. Les gens qui se racontent leurs cochonneries.

– C'est ça.

– Oh ! s'indigne plaisamment la maîtresse de maison. C'est du propre !

– Intéressant, concède le maître de maison. Est-ce que ça ne démontre pas combien, en dépit de toutes ces histoires de « révolution sexuelle », de « libéralisation » ou je ne sais trop quoi, les gens sont horriblement seuls ?

– Vous n'avez pas honte ? demande, toujours plaisamment, la maîtresse de maison. Vous devriez !

– 3615 comment ? ose l'une des convives.

– « Avale », je crois, lui glisse son voisin de table. Et « Tourne-toi », aussi.

– Honte ? Impossible. Ça rapporte trop ! Ah ça, je vous dis pas les burnes en or que je me fais.

– A ce point-là ? demande l'un des convives.

– Tu m'étonnes ! Chaque fois que des gens se branchent sur l'un de mes codes, et certains y restent des nuits entières, gling ! Ça tombe. Plus ils se touchent, plus je touche.

– Des nuits entières ! Les gens sont insensés !

– Vous nous faites marcher, décide la maîtresse de maison. C'est vraiment tout ce qui compte ? L'argent ?

– *What the fuck else is there ?* répond Gontran Leblaireau.

– Je ne suis pas surpris, note avec quelque ironie le maître de maison, de vous entendre répondre en anglais, pour dire quelque chose d'aussi typiquement américain. C'est votre séjour aux États-Unis qui vous a marqué, décidément.

– Vous allez sans doute me trouver nunuche,

prévient la maîtresse de maison. Mais alors, pour moi, travailler, ça ne peut pas être uniquement une question de « fric ». Il faut que j'y trouve bien plus que ça. J'ai beaucoup de chance, en fait. J'ai un métier qui me donne l'occasion de m'ouvrir l'esprit, de me nourrir intellectuellement. Attention, je suis contente d'être payée pour ce que je fais – Hi! Hi! Hi! Mais quand je travaille, je ne pense jamais à l'argent que ça va rapporter.

– Moi je ne pense qu'à ça, répond Gontran Leblaireau.

– Ah? Alors je vous plains beaucoup, dit la maîtresse de maison. Cela veut dire que votre travail vous ennuie.

– Surtout pas. Il me passionne. C'est bien pour ça que je ne pense qu'à l'argent.

– Je ne comprends pas.

– C'est simple. Connaissez-vous l'histoire de Surcouf prisonnier des Anglais?

– Non. Je ne crois pas.

– Rassurez-vous, c'est très court: Surcouf, corsaire malouin, roi des sept mers, cauchemar de la Marine anglaise, est un jour capturé par le *bastard* anglois. Le voilà, tel le chevalier François de Haddock dans *Le Secret de la Licorne*, attaché au grand mât du navire amiral le *Kent*. Exactement comme Rackham le Rouge, le lord anglais qui a eu le dessus vient alors le narguer: « Ah ah! Vus autwes fwonçais, vus vus battay puwe de l'awgeon. Nus, les Onglais, nus nus battons puwe l'Honneuwe! » Ce à quoi Surcouf lui répond: « C'est normal. On se bat toujours pour ce qu'on n'a pas. »

– Quel rapport? demande l'un des convives.

– Eh bien, on travaille aussi pour ce qu'on n'a

pas. Vous, vous travaillez pour vous nourrir intellectuellement. Je cherche à gagner de l'argent. Buvons donc au succès de nos quêtes respectives, voulez-vous ? »

Tchin-tchin.

22

Des « amis » de cinquante ans

Le temps passe – vous savez comment il est ; il ne peut pas s'en empêcher.

Les journaux ne parlent pour ainsi dire plus de René. Gontran Leblaireau lui-même y pense moins et ne s'en porte guère plus mal, quand un jour de mai 1991, le hasard – un moment passé dans une salle d'attente de dentiste – lui met sous les yeux un article qui, normalement, aurait dû provoquer un ouragan « médiatique », voire politique, et qui se révélera – ce serait naïveté que dire « inexplicablement » – un pétard mouillé.

A l'occasion de la parution de son livre *Le Pouvoir et l'Argent*, Stéphane Denis, à l'époque journaliste au *Quotidien de Paris*, accorde une interview à *L'Événement du Jeudi*. La conversation évoque d'abord la IVe République, régime dont les mérites et la gloire attendent pour l'instant d'être redécouverts, sous l'angle des rapports entretenus par la Haute Finance et les politiques, pour vite se préoccuper d'un seul homme, et de son parcours d'une rare, d'une éloquente exemplarité.

Pour vous représenter l'effet que ces lignes eurent

sur Leblaireau, c'est simple. Imaginez-vous assis, dans la salle d'attente de votre odontologue. Vous y patientez sans appréhension particulière – vous n'êtes là que pour un détartrage ; tout juste une pointe d'agacement. L'arracheur de dents a menti en affirmant qu'il vous recevrait à l'heure dite. Il est en retard et s'il continue à l'être, il va bientôt vous y mettre.

Alors, sur la table traîne un numéro de *L'Événement du Jeudi* vieux de deux semaines. Vous ne l'avez pas lu quand il a paru, vous ne fréquentez d'habitude pas ce magazine. Mais là, c'est ça ou *Valeurs actuelles* et *La Maison de Marie-Claire.* Vous le feuilletez donc distraitement. Et bientôt, vous découvrez.

« *L'ÉVÉNEMENT DU JEUDI : Bousquet, à l'époque responsable de la Banque d'Indochine, a-t-il joué un rôle dans ces affaires ?*

STÉPHANE DENIS : On a beaucoup écrit sur Vichy et la collaboration, mais fort peu, notez-le, sur les affaires économiques et financières pendant l'Occupation. Or, elles se sont bien portées. De nombreuses carrières politiques de la Ve sont nées sous Vichy. La Banque d'Indochine a eu deux faces sous l'Occupation. D'un côté, certains de ses agents financèrent la Résistance après 1943, en signant des " bons " que l'État honora par la suite (c'est à la Banque, boulevard Haussmann, que l'on négocia les conditions de la reddition des Allemands entre Nordling et Choltitz). De l'autre, son état-major était vichyste. (...) [René Bousquet] fut engagé à la Banque après son procès de juin 1949. Celle-ci avait déjà aidé la famille de Leguay, son ancien adjoint à la police sous Vichy. Bousquet a fait une carrière administrative ; il n'était pas banquier. Cela l'a mené au poste de directeur général adjoint en 1960. Il a commencé par négocier les intérêts immobiliers de la Banque après la défaite en Indochine. Comme me l'a dit un témoin, il savait après tout discuter avec l'occupant... Il a reçu quelques postes dans des conseils d'administration ; ce sont des prébendes classiques. On appréciait sa méticulosité. Il n'y a eu que cinq ou six incidents entre 1952 et 1978, comme le jour où Antoine Veil (NDLR : l'époux de Simone Veil) a « découvert » opportunément qui était son voisin au conseil d'UTA... Bousquet n'était pas un numéro un. En revanche, il a voulu jouer un rôle politique.

L'E.D.J : Vous avez écrit que Bousquet appartenait à ce conglomérat de partis qui, sous la IVe, allait des socialistes à la droite néo-vichyste.

S.D : Dès 1947, les antigaullistes et anti-communistes ont fait avec ce qui leur restait. Ce fut de bric et de broc. Cela allait des francs-maçons aux rescapés de la Milice. Bousquet a participé à la plupart de ces tentatives, notamment quand il a succédé à Jean Baylet (l'homme qui, siégeant au jury de son procès, lui facilita son jugement éclair), auprès de sa veuve, la propriétaire de *La Dépêche du Midi*. Il était, si vous voulez, sur ce qu'on appelait la « ligne Abelin », du nom de l'ancien maire de Châtellerault, qui allait de l'UDSR à l'extrême droite. Abelin avait joué un rôle dans les offices patronaux sous Vichy. Ces gens-là avaient besoin d'argent. Le patronat (...) leur en donnait ; la Banque d'Indochine aussi.

L'E.D.J : On retrouve René Bousquet candidat aux élections législatives de 1958. Il est alors soutenu par l'UDSR, le parti de Mitterrand.

S.D : C'était la 3e circonscription de la Marne, département où il fut sous-préfet, secrétaire général et préfet avant guerre. Il a fait 9 % des voix sous l'étiquette du Centre républicain, un groupuscule allergique à la Ve et à de Gaulle. Pour obtenir son investiture, il a financé plusieurs candidats, dont Morice, patron du Centre républicain à Nantes. Et surtout, il a aidé des candidats antigaullistes. Bousquet, selon deux témoignages solides, connaît Mitterrand depuis 1942. Il n'y a d'ailleurs rien d'étonnant, et Mitterrand ne le conteste pas, à ce que les deux hommes se soient rencontrés à Vichy. Ils ont dû exercer leur charme réciproque... Le soutien de l'UDSR à Bousquet n'a posé aucun problème.

L'E.D.J : Les deux hommes se sont-ils perdus de vue ?

S.D : Ils ne sont jamais perdus de vue depuis 1942. Leurs relations étaient épisodiques, mais constantes. (...) Le mouvement de prisonniers de guerre qu'animait Mitterrand témoigna favorablement au procès de juin 1949. Mitterrand présenta même à l'époque, en tant que secrétaire d'État à la présidence du Conseil, sous Henri Queuille, un texte de loi portant amnistie générale des faits et actes commis sous l'Occupation. Sur cette ligne-là, il n'a jamais varié. Par la suite, le combat politique et les nécessités de financer les candidatures antigaullistes rapprochèrent régulièrement les deux hommes. Je ne crois pas qu'ils soient intimes ni même liés, mais dans le vocabulaire de Mitterrand, Bousquet est un « ami ». Je me souviens qu'après mai 81, un collaborateur du nouveau président, appelons-le « X », fut invité à le rejoindre dans un restaurant où il déjeunait comme à son habitude, avec une dizaine de proches. X arrive en retard et reconnaît tout le monde sauf le vis-à-vis de table du Président. Il demande de qui il s'agit; c'est René Bousquet. Dans la voiture qui les ramène à l'Élysée, X abasourdi questionne Mitterrand : « Vous savez avec qui vous avez déjeuné ? » Alors le président avance la main comme il le fait souvent pour sceller un pacte : « René Bousquet ? Ne vous inquiétez pas, c'est un ami : il a rendu des services. »

L'E.D.J. : Cela expliquerait-il qu'à l'Élysée, on ne soit guère enthousiaste à l'idée de voir s'ouvrir un procès Bousquet ?

S.D. : Mitterrand peut légitimement considérer qu'un nouveau procès n'est pas juridiquement ou humainement, voire politiquement envisageable. A titre personnel, mais c'est un autre débat, je ne crois pas à la possibilité juridique de juger quarante ans après, ni à la nécessité politique de le faire quand il y a déjà eu procès. Autrement, ce sont toutes les décisions des juridictions de la Libération qu'il va falloir réviser dans des procès juridiquement discutables. Je pense aussi que la première responsabilité d'un président de la République est d'apaiser les antagonismes. Quoi qu'il en soit, Mitterrand a fait comme toujours : il a couvert et défendu Bousquet jusqu'au moment où ce n'était plus possible sans lui poser un problème politique. Kiejman a tout fait pour empêcher le procès, et maintenant pour le retarder; il faut rendre cette justice au demi-garde des Sceaux qui ne s'en est pas caché. Avec cette fébrilité particulière des serviteurs de Mitterrand lorsqu'ils expliquent : « c'est un ami du président »... Il a fallu vingt-trois membres de la chambre criminelle au complet pour passer outre. Comme Bousquet est inculpé dans l'affaire de Bordeaux comme supérieur de Papon, cela mènerait son propre procès à 1993. Au plus tôt. Mais ce procès n'apprendra rien à personne. Les uns sont morts. Les autres vont mourir. D'ailleurs, les Français n'aiment pas l'Histoire. Ils n'aiment que les bonnes histoires ou l'Histoire officielle. »

On dira ce qu'on voudra, vous dites-vous alors que la jeune dame en blouse vous invite à passer dans le cabinet, voilà qui n'est pas envoyé dire. C'est « sans ambages ». C'est « noir sur blanc ». En toutes lettres : « a.m.i. ».

En jargon procédurier, on appellerait même cela un « élément nouveau ». Voilà qui expliquerait tant de choses – tant de choses que, sur ces détails, scrogneugneu, il va falloir que l'« on » s'explique.

Épargnez-vous toute cette tachycardie. Vous resterez sur votre soif de scandale.

Personne ne réagit. Personne n'a réagi. Personne ne réagira.

Est-ce alors que les propos rapportés par *L'Événement du Jeudi* sont ceux d'un mythomane, d'un affabulateur ? Qu'à cela ne tienne, qu'on le traîne en justice. Où va-t-on si n'importe qui peut ainsi raconter n'importe quoi ! Insinuer mille et une choses sur le compte de ceux à qui la Nation confie ses clés de voiture. Et, s'il vous plaît, en l'occurrence, pas de magnanimité déplacée. Qu'on ne nous fasse pas, je vous prie, le coup de dire, benoît, « non, ce serait lui faire trop plaisir à ce roquet, traitons-le par le mépris. Laissons ses calomnies à leur place : dans la boue des ruisseaux. Etc. ».

Tss-tss : pas de ça, Lisette. Un homme seul, un citoyen peut prendre ce parti, mais là ! Là, c'est l'Honneur d'une fonction – d'une fonction *suprême* ! – qui est menacé.

Entre les Républiques bananières où l'on fusille pour un mot de trop et une France où d'aussi scandaleuses « amitiés » pourraient être épinglées impunément au revers d'un habit présidentiel, un juste milieu serait bienvenu. Précisons qu'il se présenterait là, après les équivoques créées par certains appels à la « paix civile », une superbe occasion de clarifier une fois pour toutes la situation. Ce serait bête de ne la pas saisir ; saisissez-la. Oui, eh ben : zob.

Maintenant, si à l'Élysée les stratèges ont recommandé de faire brûler des cierges et prié pour que, personne n'ayant lu cet article, il passe inaperçu, c'est à croire que le Ciel est avec eux : la presse ne « reprend » pas.

Pas besoin pourtant d'être lauréat du prix Albert Londres pour flairer matière à quelques articles « vendeurs » – quitte à les rédiger, comme parfois, « au conditionnel ». Ce ne serait pas la première fois et on voit la profession se mettre en branle – et troubler le sommeil de premiers ministres fragiles des nerfs pour moins que ça.

« Ami » ! Monsieur le président, les Français ont le droit de savoir : êtes-vous oui ou non l'*ami* de... etc. Eh bien non, tu vois. Ils ont mieux ailleurs. Le premier ministre fragile des nerfs, justement.

L'opposition, elle, en tout cas, aurait tort de laisser passer ça. C'est juteux. Sans même parler de sommer à la Chambre le Président de s'expliquer plus clairement sur ses cinquante ans d'« amitié » avec René, ça vous pimente une « petite phrase », ça : « Mais si ! Le président de la République – vous voyez qui je veux dire : l'ami de Bousquet ! » Normalement, le contrôle fiscal commence dès le lendemain matin, le ministre compétent y aura veillé dans la nuit, mais on ne fait pas la guerre sans y laisser des plumes et en attendant, vous serez passé à la télé.

Pas du tout.

A croire qu'ils jugent le procédé indigne.

On lui laissera ça, à la droite : les qualités de ses défauts. Son côté « Vieille France » a parfois du bon. Il y a des méthodes qu'elle laisse à d'autres, voyez-vous.

C'est une façon d'interpréter leur silence. Ce n'est pas la seule.

Peut-être, tout bien considéré, n'ont-ils pas non plus intérêt à ce qu'on sache exactement comment l'honorable monsieur Bousquet a vécu si tranquille pendant tout ce temps – ou encore, de qui d'autre, en plus du Président, il aura, au cours de sa longue et brillante carrière, été, n'est-ce pas, l'« ami ».

M'enfin, si effectivement René et le Président sont « amis », on comprend mieux alors ce que « protéger la paix civile » veut dire.

L'ouverture d'un procès Bousquet ne menacerait pas la paix civile en cela, comme on l'avait d'abord compris, qu'il opposerait différentes factions de la population les unes aux autres. Il la menacerait bien plus gravement encore en donnant lieu à un tel déballage des turpitudes commises par les représentants des IVe et Ve Républiques, gauche et droite confondues, que pour le coup, les Français outrés, dégoûtés par ce qu'ils apprendraient (nos dirigeants ont fait ami-ami avec un monstre infanticide), risqueraient effectivement de se laisser aller à des gestes inconsidérés. Au mieux, les destituer.

C'est peut-être sa « paix civile » à lui que le Président entend surtout protéger.

Et de fait, pour le coup, les mots restent bien choisis. Un pays qui démissionne de force son Président de la République et retire sa confiance à l'opposition parlementaire, un pays qui doit donc se réinventer une classe politique à partir de rien, ce pays, à n'en pas douter, voit sa « paix civile », pour appeler ça comme ça, pour le moins menacée!

Pire qu'aux personnes, le peuple, comme un troupeau affolé, pourrait dans la foulée en venir à piétiner jusqu'aux institutions, jeter le bébé, le bain, et casser la bassine. Demandez aux Américains si leur paix civile n'aura pas pris un coup dans l'aile quand ils ont démis Nixon!

N'empêche. Un « ami »! Ça donne à penser.

Si c'est faux, qu'on embastille le diffameur.

Si c'est vrai, alors que ça se sache.

23

Une certaine idée de l'enfer

L'appartement qu'occupe la famille Leblaireau a beau être spacieux, le chef de famille n'y a pas trouvé la place de s'aménager un bureau.

C'est donc sur la table de la salle à manger que Gontran Leblaireau pose son ordinateur portable chaque fois que, comme ce soir, il travaille à ses romans de gare.

Dans le salon attenant, madame lit, sans paraître trop empêchée par le cliquetis des touches que monsieur enfonce frénétiquement sur son clavier. Tout porte à croire qu'il s'échine sur le mystérieux « projet secret », dont il tait farouchement la teneur et les aboutissants depuis maintenant près d'un an.

Cliquetis, cliquetas, souris blanche et face de rat. Les heures passent.

« Là, ça y est ! s'exclame soudain Gontran Leblaireau. Encore deux pages et j'ai fini.

– Tu as fini quoi, amour ? demande distraitement son épouse sans vraiment lever les yeux de son roman d'Edith Wharton.

– Mon nouveau polar. Celui-là va marcher. J'ai trouvé l'héroïne parfaite. »

Madame Leblaireau lève les yeux au ciel.

« Encore ? Et qui c'est, cette fois ? soupire-t-elle depuis son canapé. Nathalie Baye ? Caroline Cellier ?

– Rien à voir ! Mais alors vraiment, rien à voir, ma pauvre loute. Nan, corrige Gontran Leblaireau avec emphase. Imagine Simon Wiesenthal avec les nichons de Sophia Loren. Serge Klarsfeld carrossé comme Francesca Dellera. »

Madame Leblaireau secoue la tête.

« De quoi parles-tu ? »

Monsieur Leblaireau, lui, poursuit, s'échauffant progressivement.

« L'ange exterminateur en mini-robe *Alaia*. Le vengeur masqué en dessous *La Perla*.

– Bon, continue si tu veux, mais sans moi.

– Tu vois vraiment pas qui c'est ? Tu devines pas ?

– Non.

– Okay – tu sais qui c'est mon héroïne ?

– Je viens de te le dire : *non*.

– Lis ça, alors. »

Monsieur Leblaireau attrape une liasse de feuillets dactylographiés posée à côté de lui, se lève et l'apporte à Madame Leblaireau. Choisissant une page au hasard, elle commence à lire.

Le jeune Américain n'en croyait pas ses yeux. La robe d'été remonta d'abord le long de cuisses fuselées, puis sur une culotte noire en tissu élastique que tendait un mont de Vénus superbement bombé. Au-dessus, le ventre était plat, lisse et musclé. Enfin, quand avec une lenteur calculée la belle inconnue fit passer le vêtement par-dessus sa tête, apparut une poitrine pleine, robuste, tentante, pleine de pro-

messes, comme un continent qui attend impatiemment d'être découvert.

La sonnerie du téléphone l'arracha à son extase. La jeune femme lui adressa un sourire rassurant, mais ne s'en alla pas moins décrocher, d'un pas souple et assuré, aussi naturelle quasiment nue qu'elle l'était quelques instants plus tôt sur le patio dans sa robe de coton.

Elle porta le combiné jusqu'à son oreille. A l'autre bout du fil, une voix rauque et angoissée demanda :

« Anne Frank ?

– Hm-hm.

– Je suis l'ami de Ralph. Je ne peux pas parler maintenant. Soyez dans une demi-heure sur la Croisette, à hauteur du Carlton. Promenez-vous nonchalamment. Je ferai semblant de vous draguer. Surtout, soyez seule. »

Son mystérieux correspondant ayant raccroché, elle fit de même.

Elle se tourna vers le jeune agent de la CIA. *Il avait profité de sa courte communication pour assortir sa tenue à la sienne. La tente d'Indien qu'évoquait le verso de ses boxer-shorts faisait plaisir à voir.*

C'est donc avec une indéniable nuance de regret dans la voix que, sans quitter des yeux ce dont elle ne profiterait pas, elle déclara : « Un contretemps va nous contraindre à remettre la suite à plus tard. »

Avant qu'il n'ait eu le temps de protester, elle ajouta :

« Mais puisqu'une douche froide s'impose, prenons-la ensemble. »

Madame Leblaireau n'en lit pas plus, hausse les épaules et considère son mari d'un air perplexe.

« T'as compris ? » demande celui-ci, tout excité.

En guise de réponse, il doit se contenter d'une mimique consternée.

« C'est ça, mon héroïne. Le fantôme d'Anne Frank.

– Quoi, “le fantôme d'Anne Frank” ? Anne Frank – celle du *Journal* ?

– Celle-là même. Celle qui aura passé je ne sais combien d'années cachée dans un placard, à écrire son journal et des contes, jusqu'en 44, où elle est finalement capturée et jetée dans le dernier train déportant des juifs néerlandais vers Auschwitz. Celle qui est morte du typhus à Bergen-Belsen en mars 45, alors qu'elle venait d'avoir seize ans. C'est elle, parfaitement ! Réincarnée, qui vient régler ses comptes. Et ceux de six millions de macchabées réduits en cendres. Donc, entre autres, ceux des 4 051. »

Madame Leblaireau pose la liasse de feuillets sur la table, à côté d'un calendrier 1993 illustré de photos de Madonna nue que son mari n'a pas encore eu le temps de punaiser sur le mur de la cuisine. A sa décharge, la nouvelle année n'est vieille que de deux semaines.

« Ça va leur faire une belle jambe aux six millions. Tu n'as vraiment rien de mieux à faire ?

– Comment ça, “ mieux à faire ” ?

– Quand ce ne sont pas des comédiennes vivantes, ce sont des pauvres gamines mortes dans un camp de concentration. T'es piqué, bâille Madame Leblaireau. Complètement piqué. Bon – en attendant, moi je vais me coucher. Éteins bien tout quand tu viendras et laisse la porte ouverte pour le chat. A tout à l'heure. »

Déconfit, un instant, par le peu d'adhésion que son projet ébranle, Gontran Leblaireau lève finalement les mains en signe d'impuissance et se remet au travail.

Les touches du portable chantent gaiement. Cliquetis, cliquetas.

« Tu vas payer, René. L'heure du châtiment a sonné. »

La vieille salope de collabo leva les yeux vers la jeune femme qui se tenait devant lui.

Jadis, en compagnie de son ami Darquier de Pellepoix, chargé de la « question juive » à Vichy, le vieillard avait passé assez de temps à admirer les superbes affiches « Sachez les reconnaître » qu'ils avaient fait imprimer et placarder par milliers, pour comprendre soudain qu'il avait en face de lui une « juive » – ou plus précisément une « israélite », comme il avait, bon gré mal gré, pris l'habitude de dire, pensant, grâce à ce terme, mieux travestir sa répulsion.

Mais sous un nom ou sous un autre, impossible de s'y tromper : peau mate, cheveux noir jais, nez bien évidemment un peu busqué – et pourtant, une femme que, n'était son évidente « judéité », René aurait même pu, au-delà de la prostate percée et de la bite flaccide que son grand âge lui infligeait, trouver « séduisante ».

« Vous êtes du Mossad ? chevrota la vieille ordure.

– Non, répondit calmement la jeune femme, sans s'appesantir sur ce que la question pouvait avoir de saugrenu et de révélateur.

– Que me voulez-vous ?

– Tu vas mourir, René. Tu ne seras pas jugé en ce monde. Mais dans l'autre, tu as déjà été condamné. Tu vas aller en enfer, René. »

La vieille merde haussa les épaules, un mauvais sourire ironique faillit lui tordre la bouche.

« L'enfer ? Bah !

– Il existe, René. Oh! crois-moi, il existe. J'en reviens. J'en reviens parce que des gens comme toi m'y ont envoyée. Mais j'en suis sortie, à présent, alors que toi, tu y pars – et pour toujours, René. Toujours. Chacun son tour. »

Comme le vieux lavement ne répondait rien, elle enchaîna.

« D'abord, tu vas prendre le train, René. Tu y retrouveras de vieux amis – certains t'y attendent depuis longtemps. Dans ce train, vous serez gardés par Bonny, par Lafont et certaines autres brutes que vous aviez engagées pour faire votre sale besogne à votre place. Vous étiez contents d'elles, à l'époque, au vu des " résultats ". Mais vous les sous-estimiez encore! Ce n'est que dans la peau de la victime qu'on apprécie vraiment leur bestialité à sa juste mesure. Donc, pendant plusieurs siècles, tu seras dans ce train abominable. Un goy errant. Le Toulousain volant! *Un cauchemar comme tu en ignores même la possibilité – et pourtant! Profite bien du voyage, René, parce que après, aussi incroyable que cela te paraîtra, c'est encore pire. Là, concept difficile tant qu'on n'en fait pas l'expérience, la solution sera " finale " pour l'éternité. Puisque, du fait des sacrements que tu as reçus, tu relèves de sa compétence, je viens même d'en parler à Jésus, mon coreligionnaire – et qui, lui aussi, sait de quoi il parle en matière de souffrances, eh bien, ton enfer durera plus longtemps encore que les autres – l'éternité, plus les années de nourrice. Bye bye, René. »*
Cliquetis, cliquetas.

Gontran Leblaireau raconte alors comment son héroïne vaporise au visage de sa cible un gaz mortel qui ne laisse aucune trace dans l'organisme. Le vieillard met quelques secondes à mourir, temps pendant lequel il s'efforce, on le comprend, de ne pas revoir sa vie défiler, même s'il s'entend dire : « *Et pendant tout ce temps, toi et tes semblables, René, surtout suivez le conseil de Brasillach – que tu retrouveras d'ailleurs, il est avec les autres –, pendant tout ce temps, " n'oubliez pas les enfants ". Ce sera facile : vous avez jusqu'à la nuit des temps pour repenser à eux.* »

Et Gontran Leblaireau saute une ligne et tape le mot « FIN ». Il appuie sur la touche « print ». L'imprimante se met en marche.

« Et merde, se dit Gontran Leblaireau. Pour ce que ça vaut, ils vont se le manger ! Vieilles ganaches pourries ! Si ça peut marcher et faire jaser, ça leur fera les pieds à tous les deux. Qu'ils arrêtent de se foutre de notre gueule impunément. Bon appétit, messieurs. Et advienne que pourra. »

Il ramasse les feuillets sortis de l'imprimante, les tasse, les classe, et les range avec les autres dans une chemise en carton.

Il décapuchonne alors un gros marqueur noir et trace sur la chemise des lettres – capitales, c'est exagéré ; disons plutôt, majuscules. Le feutre gorgé d'encre du marqueur crisse sur le carton. En l'entendant, d'autres grinceraient des dents, mais pour Leblaireau, c'est une agréable musique, un chant vengeur, un chant de victoire. Il écrit :

ANNE FRANK 2 : LE RETOUR !

Il regarde la gueule que ça a, hésite un instant sur le point d'exclamation et finalement opte pour. Tant qu'à être vulgaire, n'est-ce pas... Autant que les choses soient claires.

Il rebouche le marqueur, se frotte les yeux, se lève et débarrasse la table. Il range l'ordinateur, l'imprimante et son manuscrit dans un placard.

Il éteint les lumières, s'engage dans le couloir en direction de la salle de bains, mais s'arrête brusquement.

« Et merde! La porte pour le chat! »

D'un pas traînant, en maugréant intérieurement, Gontran Leblaireau fait demi-tour.

24

Les pêcheurs de l'île de Sein

On prête ce cri du cœur à Charles de Gaulle lorsque, aux lendemains de l'appel du 18 Juin, les premiers Français « libres » rameutés par sa harangue radiodiffusée s'avèrent être les pêcheurs de l'île de Sein. « J'attendais, aurait donc laissé échapper le grand homme, les grands commis de l'État et je vois arriver la canaille. »

Formulation violente, certes, même si, dans la bouche d'un praticien aussi obstiné d'un certain français « beau style », « *la* canaille » ne signifie pas « *des* canailles » et doit être entendu dans son sens désuet, non pas de racaille, mais de « petites gens ». Formulation violente, tout de même, mais rendue plausible par celle, plus mesurée et vraisemblablement plus conforme au véritable état de son âme, lisible dans ses *Mémoires de guerre*. Quoi qu'il en soit, d'une version l'autre, une chose demeure : ceux qui répondirent présent ne furent pas ceux qu'on attendait.

Cinquante ans plus tard, l'Histoire se sera en quelque sorte – et, restons calme, en tout petit – répétée, dès lors qu'à propos de René, c'est une manière de

« pêcheur » qui aura mis ses barques à l'eau tandis que les grands corps restaient cois.

En effet, qui réagit ? Les académiciens Goncourt ? L'un de ceux qu'ils récompensent ? Les ex-nouveaux philosophes ? Les jeunes romanciers « prometteurs » ? L'une de nos « écrivaines » tant vantées ?

Le sujet semble pourtant mériter des talents de leur envergure. Il y a de la matière noble à exploiter là-dessous, pour qui saura épurer, styliser, transcender – tel Flaubert déduisant le chef-d'œuvre que l'on sait d'un entrefilet lu dans une feuille normande –, les apparences par trop « journalistiques » du sujet. Un « état des lieux » à dresser, un tableau « sans concessions » à brosser, « au vitriol », de la « Nouvelle Société française ». Une allégorie, une « mise à nu » des « mœurs politiques tricolores ». Ou, pour ceux qui ne mangent pas de ce pain naturaliste-là, préfèrent s'en tenir à l'*Ame* sans se coltiner les reconstitutions d'époque, les mille figurants et le dépassement de budget, il y a le parcours d'un « homme », une nature complexe, l'« histoire d'une ambition », une méditation sur le scrupule, la raison d'État, une coïncidence, comme on n'en croise pas souvent dans une vie de romancier, entre une « petite histoire », celle d'un « don Juan toulousain », et la Grande (des guerres, l'une « mondiale », les autres « coloniales », une dictature, deux Républiques, une ribambelle de présidents, l'ombre – parfois plus : la main ! – de grandes figures de l'Histoire : Hitler, de Gaulle, Pétain, Mitterrand !), avec à la clé, en cas plus que probable d'adaptation cinématographique, et si toutefois nous ne laissons pas comme toujours les Américains nous prendre de vitesse, un rôle caviar – « riche », ambigu : « jouer un salaud » sans « sombrer dans la caricature », quel défi ! – pour l'un de nos « grands comédiens » en même temps que, derrière la caméra, l'occasion de découvrir peut-être le prochain Costa-Gavras – un nouveau Louis Malle, même, avec un peu de bol !

Enfin, je vous fais juge : dit comme ça, avouons que ça fait envie !

Eh bien, le croira-t-on ? Macache Bonot !

Au départ d'une telle croisière vers le succès, personne ne monte à bord. Ce ne sont pas les petits messieurs, ou les kroumirs, ou les évanescentes du VIe arrondissement, ce sont les hirsutes du roman de gare (Leblaireau et sa superwoman juive !) qui répondent présent.

Ou bien des chansonniers audiovisuels. Antoine de Caunes, Karl Zéro, Albert Algoud, qui tirent quelques fusées de détresse dans le cadre de l'émission « Nulle part ailleurs ».

Et surtout, une poignée de journaliste qui rachètent ainsi les crimes contre la Vérité commis par ailleurs à l'enseigne des publications qui les emploient.

Les dames d'abord, et pas forcément par galanterie : Annette Lévy-Willard signe dans *Libération* des textes d'une pudeur et d'une précision dont la conjugaison devient irréfutable, poignante. Stéphane Denis, dans *Le Quotidien de Paris*, se trouve très à l'aise – les boyaux, les intestins de la IVe et de la Ve, c'est semble-t-il son fonds de commerce – et très efficace à propos des magouilles du René d'après-guerre, de ses « investissements » politiques. Éric Conan publie très tôt, dans *L'Express*, dès septembre 1990, un article où tout est soit dit, soit suggéré – bref, imprimé pour qui veut le lire. Par la suite, il remet le couvert chaque fois que c'est possible.

Laurent Greilsamer dans *Le Monde*, avec toute la sécheresse, mais toute l'impérative solennité de quelqu'un qui sait écrire pour un « quotidien de référence », pèse ses mots et les jette dans la mare. Malgré tous ses efforts, personne ne prend le risque de venir se plaindre des éclaboussures. Bonne chance, on le voit, à qui voudrait prétendre après ça qu' « on ne savait pas ».

Polars de chiottes, sketches vulgaires, colonnes de « gris » dont l'encre colle aux doigts, vite survolées sur un zinc avant qu'elles n'aillent emballer le poisson, tracts naïfs – mais quand on examine les choses de près, ces « derniers »-là sont en fait les premiers. Comme un tic dont la « canaille » ne semble pas savoir se défaire : pêcheurs de l'île de Sein, pêcheurs de Galilée, pauvres pêcheurs en eaux troubles de l'esprit que sont ces turlupins cathodiques, pisse-copie de terrain ou écrivaillons de kiosque. Mais, *when the going gets tough, the tough get going*. Quand avancer devient dur, il n'y a plus que les durs qui avancent.

Aussi, toi qui dans quelques siècles peineras pour rédiger ton mémoire de maîtrise ou établir une édition critique – et *annotée*, du coup, 'te bonne blague ! – de mes « œuvres complètes », fais-toi chier à retrouver qui étaient ces gens. Ils en valent la peine. Il n'y aura eu qu'eux, quelques rares autres dont les efforts et le nom m'auront échappé et qui tâcheront de me pardonner. Préoccupe-toi de cette « canaille ».

Et entretiens, comme une sainte tradition, le mépris des « grands commis » de « l'État littéraire ».

25

Le rescapé du « camp » d'Ober-Allmannshausen

Nous rendions à l'instant hommage, entre autres, au journaliste Éric Conan.

L'article qu'il publia dans *L'Express* du 28 septembre 1990 est embarrassant pour tous ceux qui ne l'auront pas lu, ceux qui l'auront mal lu – et, bien sûr, pour ceux qui, ne l'ayant que trop bien lu, se seront empressés de passer à la rubrique gastronomique, tant, comme le dit l'Écriture, « il n'est pire aveugle que celui qui ne veut pas voir ».

Grâce à cette leçon de journalisme, par exemple, on savait mieux par quelle aberration, quel concours de circonstances, mais aussi par quels sursauts de son indéniable intelligence, René s'était arrangé du foutoir de la débâcle allemande et des zones d'ombre de l'immédiat après-guerre. On découvre ainsi que le « Fouché de Laval » n'avait pas que des amis à Vichy. Bientôt, comme l'explique l'auteur, « *les conflits internes au petit monde de la Collaboration vont provoquer sa chute. Le 2 décembre 1943, Maurice Sarraut est assassiné. Artisan du rapprochement entre certains radicaux et Laval, le vieux pacha du radica-*

lisme était haï à la fois de la Résistance et des ultras (de la Collaboration). *On soupçonne d'abord les communistes, puis il s'avère que les assassins sont des miliciens. Fidèle à son clan, René Bousquet fait de leur arrestation une affaire personnelle. La Milice et les ultras hurlent à la trahison et demandent à Berlin sa révocation. Se sachant perdu, René Bousquet donne du panache à son départ, ordonne quelques libérations et détruit ses archives, avant de démissionner, le 31 décembre. Son remplaçant sera Joseph Darnand, chef de la Milice, pro-nazi zélé. (...) Mais l'engagement hystérique de ce dernier ne sera pas le plus efficace : la majeure partie des déportations eurent lieu lors de la présence du technocrate Bousquet à la tête de la police, en 1942-1943 (60 000 juifs déportés, contre 15 000 en 1944) ».*

En juin 1944, il est « arrêté » par la Gestapo et placé en résidence surveillée, avec sa famille, en Allemagne. « Arrêté » ? Bousquet ? Tout est question de mots. Là aussi, l'article d'Éric Conan remet les pendules à leur place :

« "Je rentre à Paris, il est grand temps que je me fasse arrêter !" avait-il confié à l'un de ses anciens collègues, préfet, après avoir précipitamment quitté Montauban, le 7 juin, au lendemain du débarquement de Normandie. En cette fin de printemps 1944, alors que l'écroulement du château de cartes qu'est devenu le régime de Vichy s'accélère, la Gestapo interpelle, le 9 juin, dans la capitale, René Bousquet, ancien secrétaire général de la police de Pétain, en "disponibilité" depuis son éviction, le 31 décembre 1943. Placé sous surveillance pendant une dizaine de jours dans une villa de Neuilly, il prend ensuite la route pour le Reich

– avec sa femme et son fils – dans une voiture que Karl Oberg, chef des SS en France, a mise à sa disposition, par " amitié et protection ", avec l'un de ses chauffeurs particuliers. Le commandant SS Schmitt, qu'il connaît bien, l'accompagne. Une seconde voiture suit, avec les bagages. Cela lui vaudra de terminer la guerre en famille, au cœur de la Bavière, dans une villa d'Ober-Allmannshausen, près du lac de Starnberg. Et surtout, de rentrer en France, en 1945, paré du titre de " déporté en Allemagne " : un dernier rôle bien utile pour un personnage qui en a déjà joué beaucoup d'autres, pendant cinq ans... »

N'est-ce pas saisissant ? Quand il revient en France en 1945, il peut ainsi revendiquer le titre de déporté. Il s'en servira tout au long de son procès. Et quel !

« ... son procès illustrera le désir qu'avait la justice de ne pas insister sur le rôle réellement joué par l'élite des technocrates de la Collaboration. Après trois ans et demi de prison et quelques mois de liberté provisoire, il sera l'un des derniers vichystes jugés par la Haute Cour de justice, en juin 1949. Contexte déterminant : cinq ans après la Libération, et en ce début de guerre froide, le gouvernement veut en finir non seulement avec le procès, mais aussi avec les condamnations. Au moment où s'ouvre le procès Bousquet, le MRP, l'une des trois composantes du pouvoir, menace même de quitter le gouvernement si le large projet de loi sur l'amnistie des crimes et délits des Français sous l'Occupation n'est pas discuté avant l'été. Comme le précise François Mitterrand, alors porte-parole du gouvernement Queuille, ce projet envisage un peu plus de 2 000 grâces amnistiantes. Survivance désormais quasi archaïque, la

Haute Cour brade : battant ses records, elle jugera 18 affaires en une année. Le Parti communiste a décidé de ne plus participer à ces dernières audiences de la Haute Cour (dont les jurés sont parlementaires), la considérant, de par sa partialité, comme "incapable d'appliquer la justice". Enfin, Jean Baylet, député radical, propriétaire de La Dépêche du Midi *et ami personnel de René Bousquet, figure parmi les 15 jurés...*

Le déroulement du procès, qui compte à peine trois audiences, du 21 au 23 juin, paraît aujourd'hui stupéfiant. (...) Les débats ne consacrent qu'une place dérisoire à la déportation des juifs.

(...)

Le président conclut : "Monsieur le Procureur général, sur cette question (la répression antijuive), pas de question ? – Aucune question, monsieur le Président. – Messieurs les jurés, pas de questions ?" La séance sera d'ailleurs écourtée, les jurés devant aller voter au Parlement. (...)

La Haute Cour rend son arrêt le 23 juin 1949, à 20 heures, après une heure de délibéré : "considérant que pour si regrettable que soit le comportement de Bousquet en divers moments de son activité comme secrétaire général pour la police (...), il résulte de l'information et des débats la preuve qu'en de nombreuses circonstances Bousquet a, par ses actes, participé de façon active et soutenue à la résistance contre l'occupant." Reconnu coupable de "crime d'indignité nationale" et condamné à cinq ans de "dégradation nationale", il est immédiatement relevé de cette peine par la Cour, pour "faits de Résistance". »

Comme quoi un train de déportés peut en cacher un autre.

Nous sommes au cinéma. Sur l'écran bringuebale un train de bétaillères où macèrent des malheureux, vilains fourgons en planches desquels çà et là pointe une main désespérée, qui veut accrocher le vent et ralentir ainsi la course folle vers la mort. Et puis, l'hélicoptère qui volait en rase-mottes prend de l'altitude et la caméra nous découvre alors, par-delà les toits des wagons, de l'autre côté de la voie ferrée, une charmante petite route de campagne qui la longe. Deux puissantes conduites intérieures noires y roulent en convoi. Elles aussi transportent des « déportés ».

De quoi faire mentir les statistiques nationales sur les dangers respectifs des divers modes de transport : ceux qui roulent en voiture rentreront bientôt sains et saufs de Bavière ; ceux que la locomotive traîne en Pologne, eux, n'en reviendront pas.

En attendant, dans les champs alentour, les vaches, elles, n'ont d'yeux que pour le train.

26

Raison d'État, raison garder – raison de plus!

« Tu ne vas pas publier ça! C'est débile!
– Débile ?
– Débile, insiste le Corse.
– Ah », fait Leblaireau, penaud.

Le temps ayant passé, ça n'est même plus que Gontran Leblaireau a moins envie de s'embourgeoiser. C'est que la chique lui en est jusqu'à nouvel ordre complètement coupée. Ça le fait juste chier. La brousse américaine était plus drôle.

Ce soir, par exemple, il ne dîne pas « en ville », mais juste avec le Corse, à la table tranquille d'un restaurant discret où ce « vieux couple » a ses habitudes. Qu'on n'aille maintenant surtout pas se méprendre : loin de nous d'imaginer Gontran Leblaireau tel qu'en lui-même assez intéressant ou cher au lecteur pour gaspiller le temps et l'attention de ce dernier en vains détails biographiques et autres effets de réel, foin de toute relation avec ce qui nous occupe. Mais les propos échangés ce soir-là, à cette table tranquille du restaurant discret, concernent notre affaire, et l'on n'envisage leur vraie portée sur la détermination de Leblaireau qu'en expliquant pourquoi, par quel canal d'affection et de respect, il se voit forcé de prendre ici en compte ce qu'il balaierait d'une boutade en toute autre circonstance.

Dès lors, si le lecteur nous pardonne cette complaisance pour les tours les plus naïfs de l'illusionnisme romanesque et des psychologies de papier, il nous faut réécrire en trois lignes *Les Deux Poètes*, livre premier d'*Illusions perdues*, et dire un mot du statut particulier du Corse dans l'économie leblairienne.

Le Corse est « jeune député » de droite. Quand Gontran Leblaireau fit sa connaissance, il était gauchiste. Ce chemin parcouru ne signifie guère qu'une seule chose : le Corse aime la politique. A l'époque où le Corse se faisait courser par les « fafs », Leblaireau aimait pour sa part Georges Brassens et Cavanna. Quelque quinze ans plus tard, il aime Brassens et Thackeray. Qu'en déduire, là encore, sinon un goût persistant de Leblaireau pour les mots. Comme dirait l'autre, ça change pas un homme – ça vieillit, hé oui ! Et c'est précisément en vieillissant qu'on mesure comme bien avisé l'on fut de se prévoir, pour la soif, deux ou trois poires témoins. Ainsi le Corse date-t-il, mine de rien, c'était pas hier, des vingt ans de Leblaireau.

Pour le reste, c'est Jean qui rit et Jean qui pleure. Tu trouveras pas plus dissemblables. Peut-être pour ça que ça dure. Le Corse parle de la France avec des accents « gaulliens » alors qu'il n'est pas – l'être à son âge, en 90 et des poussières, il aurait l'air ballot ! – gaulliste. C'est juste qu'il aime vraiment ça – « la France ». Qu'il en pense quelque chose. Et que c'est en se faisant élire du peuple qu'il pense avoir l'occasion d'y faire une différence. Grand bien lui fasse; Leblaireau, lui, est réformé P4, vote à chaque fois qu'il lui tombe un œil, mais à sa grande surprise, dans le sillage de son ami, en s'entendant lui répondre, découvre qu'à sa façon, lui aussi, sinon « toute sa vie », du moins avec le temps, il s'est fait – on ne saurait mieux dire qu'en citant cette belle phrase, cet « *incipit* », pour dire les choses simplement, qui, dans sa construction, en évoque bien sûr un autre presque aussi fameux – il s'est fait, donc, une « certaine idée » de la France. Pas forcément la même que le modèle d'Henri Tisot, on s'en doute; mais quand même. La sensation que la médiocrité, la mesquinerie lui sont interdites – ou alors n'interviennent qu'au titre d'accidents de parcours.

Par exemple, et pour résumer, qu'un peuple qui se choisit une grosse salope mamelue pour emblème, mascotte et marraine ne peut être aussi désespérément naze que les autres. Oui : vive Marianne, gargouille à bites, partouzeuse débridée. Sous le bonnet phrygien semblable à ceux des Schtroumpfs, amoureusement sculptées, moulées, ourlées à la gouge, entrouvertes avec le doigt, les bouches à pipes de nos comédiennes et chanteuses, leurs gorges de plâtre arrondies à la main, par Aslan, Rodin des sex-shops, exposées dans chaque mairie, ça rend républicain! Fier d'être français! Tu sens un sang impur venir abreuver les sillons de certains corps caverneux de ta grosse fibre patriotique. Baïonnette au canon, soudain! Je te dis pas comme tout ton être est au garde-à-vous devant! Train sorti verrouillé, comme disent les aviateurs. Rangez vos coqs gaulois et laissez-moi en tête à tête avec madame. Sûr qu'on y trouve une 'tite place pour l'patriote qui passe. Évidemment! Il y a pas photo. Rien que ça, mon petit vieux, ça classe la France vingt étages au-dessus des autres. Peuvent toujours la ramener : les Ricains et les Boches n'ont pas ça, eux. T'as déjà essayé de te branler devant la statue d'un aigle ? Que là, cette grosse pouffe en chemise sans sous-tif dessous – sans culotte, même, esprit républicain oblige ! Weuoh la salope ! Cocorico !

Tout ça pour dire, donc, qu'avec le Corse, exception qui confirme la règle, Leblaireau se laisse aller à encourir des ridicules qu'il s'épargne d'ordinaire ; avec le Corse, si le temps s'y prête, une ou deux fois l'an, Leblaireau « parle politique ».

Comme là, d'une certaine manière – même si la conversation ne ressemble en rien à ce que Leblaireau avait prévu. En effet, c'est tout frétillant, gonflé à bloc, sûr de son coup qu'il s'en était allé rejoindre son camarade.

« Tu sais quoi ?

– Non, mais tu vas me dire.

– Je crois que j'ai trouvé un moyen de foutre la merde à propos de Bousquet.

– Ah ?

– Oui. Et de niquer la gueule à l'enfoiré qui le protège.

– Allons bon.

– Si. Écoute. »

Là, à la fin de son exposé, Leblaireau s'était attendu à des félicitations, du soutien, des encouragements. Déception.

« T'es cinglé. T'es aussi con que l'imbécile qui fait des films sur le Viêt-nam, là.

– Oliver Stone. Pourquoi " l'imbécile " ?

– Pour lui, Kennedy était un saint. Croire qu'un président peut être un " saint " participe de la même débilité que celle qui, chez nous, soupçonne systématiquement tout homme politique de se servir dans la caisse.

– Alors, d'une part, je ne vois pas le rapport avec mon projet. D'autre part, sans être un saint, le nôtre pourrait peut-être se dispenser de protéger une merde humaine.

– Le problème n'est pas là. Ce qui me gêne dans ton histoire, c'est l'irresponsabilité de la méthode. Tu veux publier un tissu d'approximations paranoïaques, dans la grande tradition du polar gauchiste des années 70 – salades qu'insidieusement, tu espères bien voir faire leur chemin dans l'esprit de tes lecteurs. C'est spécieux, et surtout, si c'est un “ genre littéraire ” qui devait faire école, c'est très dangereux. Si on laisse faire Stone, ou toi, après on laisse faire ce gars dont tu m'as parlé, là – comment s'appelle-t-il –, qui a fait un film sur le Ku Klux Klan qui t'avait tant scandalisé.

– Alan Parker. *Mississippi Burning.*

– C'est ça. Film efficacement fait, si je me souviens bien. Mais qui montrait comment le FBI avait vaillamment soutenu les Noirs dans leur combat pour les droits civiques. A l'époque, tu comparais ça à un film d'Autant-Lara qui raconterait qu'en 42, la police parisienne poussait des enfants juifs dans les bus, mais pour les aider à échapper à la Gestapo. Tu vas hurler, mais animé d'intentions toutes contraires, ton projet n'est pas moins gênant. »

Si on lui avait dit ! Leblaireau ne s'attendait sûrement pas à un tel accueil.

Il lui faut pourtant bien répondre quelque chose. Alors, comme un boxeur sonné, il s'entend rétorquer au petit bonheur, commençant une phrase sans savoir comment il va la finir.

« Heu – ça n'a rien à voir. Il faut resituer ça dans – ahem... le contexte de la Vérité Globale. Voilà ! parfaitement ! La Vérité Globale. “ Accuse tant que tu veux ces deux fripouilles de toutes les collusions, si toi tu n'as pas de preuves, elles, elles ont leurs souvenirs. ” Ça pourrait être un proverbe musulman.

– Si je ne te connaissais pas mieux, pour un peu, je te trouverais vraiment dangereux – et surtout complètement con.

– Mais enfin, aux dernières nouvelles, tu étais aussi indigné que moi par tout ce que faisait le Président pour empêcher le procès.

– Je le suis toujours, mais d'un autre côté, pour qu'il le fasse, c'est qu'il s'est trouvé de bonnes raisons.

– Et comment qu'il a de bonnes raisons. Ils sont potes ! Ils bouffent ensemble ! C'est dans le journal ! »

Le Corse ignore l'ironie et enchaîne.

« C'est de la psychologie de bazar, ça ! Surtout lui ! Comme si ce type-là avait des “ amis ”, ou renvoyait des ascenseurs ! Depuis le temps, ça se saurait. Il n'a jamais obéi qu'à deux mobiles : son ambition, et plus récemment, ce qui à tort ou à raison lui paraît être le bien supérieur de la France – dans des limites bien sûr où cela ne viendra pas contrecarrer les menées de sa vanité. Ainsi, il protège indéniablement une ordure, et il a tort, mais ça m'étonnerait que ce soit pour les mobiles que tu dis – par “ amitié ” ! En revanche, pour un Président de la République, cette attitude n'est pas aussi absurde que tu as l'air de le penser. La paix civile, c'est effectivement à lui de la maintenir. C'est vraisemblablement de l'avoir trop connue ces dernières années qui amène les gens à la considérer comme un dû.

– Attends – le procès de l'autre ne provoquerait

pas une guerre civile, que je sache. Ça aiderait juste à faire le ménage.

– Tu penses ça, je pense ça, mais qu'en savons-nous vraiment ? Tu peux aussi envisager que le Président, au-delà de ses sentiments personnels, se dit que le procès est dangereux pour le pays : on déballe le linge infect de trois générations de policitiens de tous bords – dans le climat d'antiparlementarisme, à qui profiterait le scandale ? Aux victimes ? A leurs familles ? Non : à cette tentation antidémocratique qui gagne les gens et à ceux qui savent l'exploiter. »

Leblaireau n'en revient pas.

« Attends, ne me dis pas que tu lui trouves des excuses ! C'est ton ennemi.

– Mon " ennemi " – restons calme ! C'est mon adversaire. C'est bien pour ça que j'aurais tort de le diaboliser en lui faisant des procès d'intention délirants. Là, ce n'est pas une actrice à qui tu prêtes des aventures. C'est un Président de la République ! Les enjeux ne sont pas les mêmes.

– Tu sais quoi ? demande Gontran Leblaireau.

– Non, répond le Corse.

– Fuck him. Fuck René. Et fuck *you.* »

Le Corse et Leblaireau restent un instant sans rien dire. Leblaireau a l'œil sombre. Le Corse réprime un sourire. C'est Leblaireau qui rompt vite le silence.

« Tiens – parlons de cul, va. Là, au moins, on sera du même bord. Enfin – logiquement... »

27

Douce corvée

Chaque soir, avant d'aller se coucher, M. et Mme Leblaireau alternaient une « corvée ». Tantôt l'un, tantôt l'autre, ils allaient chercher leurs deux enfants endormis dans leurs lits. En s'efforçant de ne pas les réveiller, ils les portaient jusqu'aux petits coins et, comme des somnambules, du fond de leur sommeil, par un réflexe dicté aux vessies par le contact du siège de cuvette froid sur les cuisses à 37 °, les petits faisaient pipi, diminuant ainsi les « risques d'accident » pour le reste de la nuit.

Cette « corvée », Gontran Leblaireau, pourtant feignant, égoïste, passablement tire-au-flanc en matière d'obligations parentales ou ménagères, s'y soumettait avec une bonne grâce qui finit par l'étonner lui-même. Et dont il dénicha bientôt la clé : chaque soir, emmenant sa progéniture pisser, il se sentait Nounours dorlotant Nicolas et Pimprenelle. Pompododom-pododom-pompom. Ô petits corps cramponnés, museaux endormis, froissés sur l'oreiller, marqués par les draps, joues couchées en confiance sur l'épaule, mignons grognements de petits mammifères, bras enfantins accrochés au cou paternel, têtes blotties, en confiance, par instinct.

Cette « corvée », bien des pères s'en étaient vus dispensés par un caprice de René. Rares étaient donc les fois où Leblaireau ne remerciait pas le Ciel qu'aucun René n'ait encore décrété de lui épargner, à lui, cette « corvée »-là.

28

Vendre la peau de l'ordure...

Le Corse aura, sinon convaincu, du moins suffisamment ébranlé Leblaireau pour qu'il décide de surseoir *sine die* à la publication de son polar engagé.

Bien leur en aura pris à tous les deux, semble-t-il. D'une part, le « polar engagé » peut d'ordinaire se ranger sur la même étagère que la bière sans alcool, le « rock symphonique » et celles qui veulent pas qu'on les encule.

Et surtout, en achetant *Libération* le 8 février 1993, Leblaireau peut lire deux pages où, sous le titre « POURQUOI BOUSQUET RISQUE LES ASSISES » et un chapeau qui annonce *« Pour la première fois, la justice française accuse un haut fonctionnaire de Vichy de crimes contre l'humanité »*, Annette Lévy-Willard, avec une pugnacité intacte et une jubilation prudemment contenue, écrit :

« L'accusation contre René Bousquet est prête. Elle est accablante pour le respectable haut fonctionnaire, riche homme d'affaires à la retraite, ancien secrétaire de la police de Vichy.

« La justice française de 1993 n'est pas celle de 1949 : la Haute Cour de justice de l'après-guerre avait acquitté et réhabilité Bousquet (comme le rappelle souvent le président Mitterrand). Poursuivi pour trahison, il n'avait pas été jugé pour la déportation des juifs de France. Aujourd'hui, les magistrats qui ont mené l'instruction et préparé l'acte d'accusation estiment que l'ancien secrétaire général de la police de Vichy a consciemment commis tous ces crimes et que, loin d'avoir obéi aux ordres du gouvernement de Vichy, il a fait preuve d'initiative personnelle. (...)

« L'accusation repose principalement sur un document : le compte rendu de la réunion du 2 juillet 1942 préparant la Solution finale en France.

« Ce jour-là, René Bousquet propose à l'état-major allemand, présidé par le général SS Karl Oberg, de faire rafler par la police française tous les juifs " étrangers " à Paris. Un coup de théâtre, puisque, jusque-là, le gouvernement de Vichy avait refusé de faire arrêter les juifs par la police française.

« Bousquet accepte aussi, au cours de cette même réunion, de remettre aux nazis les juifs étrangers réfugiés en zone libre. Il s'engage à livrer tout de suite 20 000 juifs de zone occupée et 10 000 juifs de zone libre pour remplir les convois de déportation.
(...)

« Réfutant à l'avance l'argument classique " on ne savait pas que les gens allaient être tués ", *les magistrats démontrent que les arrestations, la détention dans les camps sans soins et sans nourriture, puis la déportation, sont des actes inhumains qui doivent être considérés comme des crimes contre l'humanité puisque le but de toutes ces opérations était de remettre aux nazis ces*

trente mille hommes, femmes et enfants. Bousquet avait déjà été jugé en 1949 par la Haute Cour. Mais pas pour ces crimes : les juges de 1949 ignoraient l'existence de cette réunion avec l'état-major allemand pour préparer les rafles du Vel' d'Hiv' et l'arrestation des juifs en zone libre. Et Bousquet avait soigneusement évité d'en parler. Il avait d'ailleurs affirmé publiquement : " J'ai systématiquement refusé de m'occuper des questions juives... Je n'ai jamais accepté de traiter ces questions avec les Allemands... " (...)

« L'accusation retient également contre l'ancien haut fonctionnaire les télégrammes adressés à ses préfets les 18, 20 et 22 août 1942 pour organiser les rafles de juifs étrangers en zone libre : René Bousquet ordonne aux préfets d'arrêter les enfants de moins de seize ans que les Allemands avaient pourtant exclus des convois de déportation (...) et il limite les exemptions de parents d'enfants en bas âge : dorénavant les policiers pourront arrêter les parents si leurs enfants ont plus de deux ans (au lieu de cinq ans). Grossissant ainsi les convois, Bousquet ne faisait pas dans la demi-mesure : ces opérations devaient être menées avec efficacité, expliquait-il à ses préfets, il convenait " de briser toutes les résistances ". Le 26 août 1942, les policiers et gendarmes français vont donc rafler les juifs étrangers et apatrides réfugiés en zone libre. Ils iront chercher les enfants dans les foyers d'accueil où ils étaient abrités. (...)

« Aucun ne reviendra. »

N'empêche, se dit Gontran Leblaireau. Ce coup-ci, on tient le bon bout. Comme dans un scénario de Jean-Michel Charlier. Comme dans les films du dimanche après-midi. Comme dans Tintin.

Leblaireau va pouvoir retomber complètement en enfance. Recommencer à vraiment croire en Dieu. Ses desseins sont impénétrables, c'est sûr, mais sur la distance, il maintient quand même quelques apparences. *The good guys win.* Tôt ou tard, le méchant est puni. Justice se fait. Un procès « exemplaire ». Qui donne à réfléchir. La peur du gendarme. Commencement de la sagesse : putain, con, c'est pas l'envie qui me manquerait d'envoyer treize mille personnes à la mort parmi lesquelles 4 051 moutards, mais quand je vois ce qui est arrivé à Bousquet, merde, z'allez p'têt' me traiter de mauviette, mais tant pis, j'ai pas honte de l'admettre, on a beau dire, j'hésite.

Oh ! ce procès, on va l'arroser, mon vieux. Tout le monde va mieux respirer, après. Une purge. Une autocritique. Jamais plus ça. *Never again.* Nous jurons. Promis. Les yougos font ce qu'ils veulent, ces cons, mais nous, françaouis, avec ce procès, nous allons établir une bonne fois que les camps et tout ce qui tourne autour, pour nous, c'est fini. C'est pas notre tasse de crème, voyez. Nous on est des niqueurs, des buveurs, des beaux parleurs, pas des extermineurs – ou complices d'iceux.

L'accusation est prête, chérie. Mets ta robe rouge et pas trop de trucs en d'ssous, ce soir j'te sors. Faut fêter ça. L'accusation est prête – 'culé d'ta mère, j'ai cru qu'on y arriverait jamais. Awrite, kidoes – l'accusation est prête : We're gettin' the motherfuck *there* !

L'accusation est prête, se dit Gontran Leblaireau. Plus besoin de mon polar merdeux. Le procès va avoir lieu. L'accusation est prête.

On est en février.

29

La sérénité de l'enfant de pute au moment de l'hallali

Les semaines passent. Silence radio. A croire que les comiques du gouvernement ont trouvé une nouvelle combine pour retarder le bazar.

En tout cas, à 84 ans, René, lui, ne paraît pas plus inquiet que ça. Depuis le début, il n'accorde officiellement qu'un mépris évasif à tout ce « déballage ». Un calme qui en agace plus d'un, mais doit en rassurer d'autres. René garde toute sa tête. Il ne fera pas de bêtises. Autant, sans doute, pour frustrer les « charognards » qui rêvent d'un procès « grande lessive », où les noms connus voleraient bas, que pour apaiser le sommeil de quelques patriciens cacochymes, le frère de René, avocat de profession chargé de sa défense, laisse d'ailleurs entendre, si l'on ose dire, « à droite et à gauche », que l'accusé ne fera pas de scandale, n'incriminera personne, s'en tiendra aux faits.

Stratégie à la fois confirmée et nuancée par cette bougonnerie arrachée entre deux portes à René par des journalistes plus « pots de colle » que les autres : « Si l'on m'emmerde, eh bien on recommencera, comme au procès de 1949. Je me défendrai! Et j'ai de quoi me défendre! Mais cela m'étonnerait beaucoup qu'il y ait un procès. »

Curieux ton, pour un homme dans sa position. Tour à tour scabreux ou piégé, aucun terme n'est celui qui conviendrait. « Si on m'emmerde », par exemple – le gars est accusé de crimes contre l'humanité, mais à l'entendre, on croirait un contrôle fiscal, une tracasserie administrative, un voisin qui écoute du hard rock après vingt-deux heures : « Si on m'emmerde. » Sciemment, un gros mot réducteur et salissant pour une procédure qui mériterait, pour le moins, un « si on m'accuse », ou « si on s'acharne sur moi ». Curieuse et révélatrice verdeur chez un homme dont, précisément, on imagine la langue d'ordinaire plus châtiée.

En même temps, « si on m'emmerde » fait partie de ces écarts qu'un vieux bourgeois peut se permettre en connaissance de cause, justement pour produire un effet. Une façon de se rajeunir et de se viriliser. Pour cet homme respectable, « si on m'emmerde », après avoir bien indiqué à quelle altitude il place le sujet, ça fait « apache » en prime, ça fait violent. L'air de dire, les titres et la fortune ne m'ont pas complètement ramolli. S'il faut bastonner, eh ben on bastonnera. Si tu cherches la bagarre, t'es juste à la bonne place. « Si on m'emmerde » – le mot de Cambronne, n'est-ce pas : l'un de ces rares jurons que, dans la tradition française, le « gentilhomme fermier » peut lâcher sans déchoir, bien au contraire, signifiant même ce disant que son courroux balaie, dans sa course, les règles de bienséance.

Autrement dit, méfiez-vous, si vous réussissez à m'en faire oublier mes bonnes manières, c'est que je suis vraiment en pétard. Je ne réponds plus de rien! (Une version en tweed du registre « 'tain chuis pas méchant, mais 'tain quand on m'cherche, 'tain on m'trouve, putain ».)

Agacé, donc, mais serein, en même temps. Sûr de son coup. Comme le mec qu'a la bombe mais le voisin le sait pas. Un côté – paradoxalement – « israélien » dans sa confiance en lui, dans, serait-on tenté de dire, au risque que d'aucuns y voient de la malice (d'aucuns ont l'esprit si mal tourné!), dans sa, donc, « force tranquille ».

L'air de dire, aussi, attendez, 'croyez quand même pas qu'à mon âge, si je chie dans mon froc plusieurs fois par jour, c'est à cause de Klarsfeld. Klarsfeld?! Me faites pas marrer! Je connais la famille. Le père ne m'a pas posé beaucoup de problèmes, il y a cinquante ans. Il a fait comme les autres. Drancy, un tour gratuit dans le train fantôme, et plus de nouvelles depuis. C'est pas le fils qui va me faire peur aujourd'hui. Là, il fait le faraud parce qu'il a sa claque autour de lui, mais vous me le collez tout seul avec certains des bons éléments que la police française compte, Dieu merci, encore dans ses rangs, et il baissera vite d'un ton, le binoclo, c'est moi qui vous l' dis.

« Si on m'emmerde. »

Vous entendez ces ultra-sons, ces harmoniques subliminales qui évoquent le vieux caïd à la retraite? Un genre Gabin : chuis retiré des affaires, c'est sûr – mais qu'on vienne pas me faire chier, ou vous allez le sentir passer. On va les r'trouver aux quat' coins d' Paris, les « que justice soit faite », les « rouvreurs de dossiers », les « apporteurs d'éléments nouveaux », les « découvreurs de télégrammes ». On verra s'y la ramènent autant, après! C'est même plus Gabin, là, d'ailleurs. C'est Blier, dans ce « si on m'emmerde » : « On va leur faire ça façon puzzle congolais. Retour à la maison mère. Le terminus des prétentieux. »

Avec, pour finir, un rien, deux postillons, mais quand même, de Noël Roquevert. La voix de rogomme, le raclement de gorge de juteux à la retraite, ancien du Cadre noir, parlant à des bleu bites : ah ha ! si on m'emmerde ! scrogneu-gneu. Mes gaillards ! Pas compliqué : les étriers restent à l'écurie. Non mais des fois. Si on m'emmerde.

Il y a plein de choses, dans ce « si on m'emmerde ».

Mais le « j'ai de quoi me défendre », ça, c'est le clou. La porte ouverte à toutes les élucubrations de journalistes : « J'ai de quoi me défendre » – si fait, mais quoi, au juste ? Tout est possible. Tout. Des dossiers. Une photo. Une lettre – une lettre de dénonciation. Photo et lettre qui compromettraient qui ? Tout est possible, on vous dit. Aucun nom ne doit être écarté *a priori*. Par ces mots, on le remarque, René gâche le travail de son frère, l'avocat à la Cour, qui sillonne la capitale en assurant que René gardera bouche cousue quoi qu'il arrive. Que surtout, personne ne s'inquiète. En protégeant René on n'obligera pas un ingrat, un écervelé, mais au contraire un gars du bâtiment, qui connaît les usages et la musique.

Sauf que là, à la place de ses « protecteurs », on froncerait le sourcil. « J'ai de quoi me défendre. » De quoi qu'y cause, papy ? Ce ne sont pas ses adversaires que cette affirmation doit préoccuper au premier chef ; s'il a « de quoi se défendre », ils ont largement de quoi attaquer. Est-ce alors que, sentant malgré tout la meute se rapprocher, René adresse une manière d'avertissement à ses soutiens occultes ? « 'tention : ne me lâchez pas – sinon. »

De quoi alarmer ces derniers – oh ! là là. Le vieux commence à péter les plombs. Il perd son flegme. Il fait sous lui. Il hausse le ton. Ça change tout, s'il part en vrille. Faut y filer du bromure. Lui rappeler qui c'est le boss. Et puis qu'il comprenne qu'il nous parle pas comme ça. Pas en public.

D'autant que vient cette conclusion dont on ne sait si elle est le comble de l'impudence, du cynisme fier de lui, ou au contraire une gaffe, qui va indisposer qui de droit. Oui, car René finit, patelin, par cette moue entendue, ce corollaire semble-t-il apaisant mais lourd, ô combien, de menaces floues et de certitudes louches classées secret d'État, de deals véreux passés à demi-mot : « Ça m'étonnerait qu'il y ait procès. »

Traduisez : la raison prévaudra. Il reste, heureusement, pendant que la « bande d'agités » vocifère, se livre à ce « déballage », des gens sérieux aux commandes. Qui savent comment les choses marchent vraiment. Ça m'étonnerait qu'il y ait procès. « Ah vous me la baillez belle/ de me croire encore pucelle ! » Un procès ? Mouais – à votre place, je ne l'attendrais pas debout. Z'allez choper des varices.

Espiègle, presque, René. Goguenard. Un procès ? C'est ça ! Et mon cul, c'est du poulet kasher ? Un procès ! Je te jure ! Décidément, j'aurai tout entendu !

Et on peut imaginer ses protecteurs alors s'arrachant les cheveux (je me comprends : sur les photos, même retouchées, il ne leur en reste pas assez pour ça) : mais quel con ! Mais est-ce qu'il ne pourrait pas faire semblant d'avoir les foies, bon sang de bonsoir. De s'affoler, en entendant la horde s'approcher. Détourner les chiens serait ensuite plus facile. Plus discret en tout cas. Et de même que René laisse échapper un « si on m'emmerde », on conçoit bien alors des personnages d'ordinaire moins crus clairement souligner leur profonde exaspération par quelque chose comme, je ne sais pas moi... – peut-être « ah non, mais je te jure alors, quel con ! » Ou « ah ! le con ! ».

Tout cela pour dire, en attendant, que, accusation ou pas, René dort tranquille. L'accusation est prête ? C'est pas ça qui va lui filer du cholestérol, j'aime mieux vous dire. Il en a maté d'autres. Mon procès ? Bah ! j'y croirai quand j'entendrai un juge ouvrir la séance. En attendant, ne me faites pas perdre de temps. A mon âge, il devient chaque jour plus précieux.

30

Un matin de juillet

Ce jour-là, René ressemble à sa photo, celle où on le voit radieux, resplendissant dans son beau manteau à col de fourrure, en compagnie d'officiers SS.

Là, bien sûr, il ne le porte pas : on est en juillet. Mais, tout comme sur la photo, il est radieux, resplendissant dans un beau costume croisé. Satisfait de voir que tout se déroule comme prévu.

Je vais vous dire, ce n'est pas faute d'avoir été enquiquiné, pourtant ! Ah ! ils se seront donné le mot, tous. C'est la France, ça. On cherche à étouffer l'esprit d'entreprise. L'énergie et l'initiative dérangent. Et là, ça n'a pas raté. Il a fallu se coltiner toute une ribambelle de casse-pieds. Des âmes sensibles. Des messieurs-bons-offices. Des soutanes, des « hommes de Dieu ».

Oh, des jérémiades à n'en plus finir ! Sauf qu'ils sont mal tombés, avec lui. Il ne le leur a pas envoyé dire. Ça leur apprendra à s'occuper de leurs oignons. Est-ce qu'il va leur expliquer comment dire la messe, lui ? Mais là, du coup, il devrait être tranquille pour un petit bout de temps.

Des évêques ont bien essayé de lui faire avaler

leur boniment habituel. Ça n'a pas duré longtemps. Ils ont rapidement changé de ton. Il n'a eu qu'à évoquer la suppression des exemptions fiscales pour les établissements catholiques et tout le monde s'est très vite calmé. Un vrai miracle ! Les saules pleureurs ont reçu des consignes, j'aime mieux vous dire.

Ou comme ce pasteur Boegner, là. « Président de la Fédération protestante de France ». La belle affaire ! De quoi je me mêle ! Il envoie une lettre de protestation à Pétain et tente de fléchir le secrétaire général. Les zenfants ! les zenfants ! Mais Dieu qu'ont-ils donc tous avec les « zenfants » ! Bande de vieux pédophiles, va. On sait comment vous les aimez, les enfants, allez ! Sur vos genoux – ta culotte courte ne te serre pas trop, mon grand ? Peut-être seras-tu plus à l'aise pour te confesser en caleçon. Alors, nous disions donc : le soir, après l'extinction des feux, t'arrive-t-il de te souiller ? Les zenfants ! A d'autres ! Nous, au moins, on ne les tripote pas en douce ! Et le pasteur, là, il n'a pas été déçu du voyage. Avec lui, René n'a pas mâché ses mots. Homme d'Église ou pas – d'autant qu'« homme d'Église », tout est relatif : un pasteur, si on regarde bien, ça n'appelle pas aux mêmes égards qu'un vrai prélat. Pas comme si c'était un évêque ou un cardinal. C'est mieux qu'un rabbin, c'est entendu – m'enfin pas la peine d'enfiler quatre paires de gants non plus. Donc, là, le réformé, il n'a pas fait long feu. Ça lui est vite tombé dessus : alors tu remets tes pleurnichailleries dans ta besace, tu rentres chez toi, tu travailles. C'est ça. Va faire dire des messes, va ! Oui – des « offices ». C'est pareil. Tout ça c'est des bondieuseries, on va pas chipoter. Mais va ! Va chialer un bon coup, tu pisseras moins au lit. Va écrire dans ton petit carnet mesquin que tu publieras après la guerre « une parole de Bousquet, deux points ouvrez les guillemets : “ l’impopularité actuelle du gouvernement sera un de ses plus beaux titres de gloire dans l’avenir ” ». Eh ben quoi ? Parfaitement, j’ai dit ça. Et rien que pour la tête qu’a faite le foutu parpaillot en l’entendant, je regrette pas, tiens. Je serais prêt à lui redire.

Et l’autre, là, la culotte de peau. Général Goudouneix ! Qui demande pour sa part d’épargner les juifs anciens combattants de l’armée française. Mais comment donc ! C’est évident ! Il n’y a qu’à demander ! Les anciens combattants. C’est noté. Non mais et puis quoi encore ! Pourquoi pas les youtres adhérents à la Fédération française de canasta, aussi ! Les circoncis détenteurs du 400 m nage libre ! Et ainsi de suite ! Ils doutent de rien, les mecs. Ils intercèdent pour ci, z’intercèdent pour ça – et nous, après, on va se faire chier à faire le tri. On n’a que ça à foutre ! Qu’est-ce que je lui ai répondu à lui, déjà – j’ai un trou, soudain. J’en ai envoyé tellement paître, faut dire. Attendez... ça va me revenir. Oh et puis zut ! Pas la peine de se torturer. Attendons, lui aussi, qu’il publie ses Mémoires, je suis prêt à prendre les paris, je suis sûr que ça y sera. Qu’est-ce que je disais ! ? On peut le lire, noir sur blanc : « Nous en prenons toute la responsabilité : nous nous rendons parfaitement compte de ce que nous faisons. L’avenir démontrera que nous avions raison. » Je ne me souviens plus exactement, mais s’il l’écrit, c’est sûrement que je l’ai dit. Ça a le mérite d’être clair, non ? Enfin, c’est pas le tout. Le devoir nous appelle. Voyons voir à présent, si j’ose dire, « comment les enfants se présentent » – hu-hu-hu ! « Les enfants se présentent » – elle n’est pas mauvaise, celle-là, dites-moi. Je tâcherai de la recaser.

Et René vaque, virevolte. C'est la mouche du coche. Il « est partout ». Il supervise l'embarquement dans les bus. Puis l'arrivée au Vélodrome. Le tri. Les bousculades. Un contremaître, un chef de chantier. Un metteur en scène à la Cecil B. De Mille, qui déplace ses figurants. Et, attention – tous les cinéastes vous le diront : rien n'est plus compliqué que de diriger des enfants. Alors plus de 4 000, je ne sais pas si vous vous rendez compte !

Mais René n'en a cure. L'en faut plus que ça pour l'affoler. Il te les manie, les gnards ! Un vrai chien de berger. Et ça transhume, j'aime mieux te dire !

Allez, tassez-vous, bon sang ! Autant que vous preniez l'habitude tout de suite, sales mômes ! Si vous croyez qu'Auschwitz, je vais vous y envoyer en première ! Ha ! Ces juifs ! Toujours à réclamer ! Quoi ?! *« Pourquoi »* ?! Qui a osé demander « pourquoi » ! Pourquoi – ah ! ah ! Elle est trop bonne ! Pourquoi ! Je vais vous dire, moi, « pourquoi » ! D'une part, parce que. Et c'est une bonne raison. Et puis aussi, qu'en faire d'autre !? Hé oui – je pose la question. Leurs parents partent, nous laissant leur marmaille sur les bras. Qu'est-ce que vous voulez qu'on en foute ?! Si on gardait tous ces morveux, il faudrait les placer dans des orphelinats, les nourrir – même vaguement, ça coûte. Et tout ça pour quoi ? Pour aboutir tôt ou tard, de toutes manières, au même résultat : petit youtron deviendra grand et le jour de leur majorité, dès qu'ils auront cessé d'être des chiards qui apitoyent pour devenir des youdes qui dégoûtent, il faudrait de toute façon les mettre dans le bus, puis dans le train.

Entre-temps, le contribuable vrai Français aurait gaspillé bêtement le prix de leur gîte et de leur couvert pendant toutes ces années. En pure perte. Je suis fonctionnaire, moi. Grand commis de l'État – et matheux, avec ça. Je suis là pour veiller à ce que l'on dépense bien les sous des citoyens. Là, ce que je fais, j'anticipe – gouverner, c'est prévoir. Je gagne du temps, donc de l'argent. J'économise. J'épargne le budget de la France si affaiblie ces jours-ci. Non seulement ça, mais non content de lui éviter de perdre des sous, je lui fais gagner des points dans l'estime de nos voisins et protecteurs les Allemands – nos nouveaux amis.

Allez ! Du nerf ! Qu'est-ce que c'est que ça ! Une mère qui s'accroche à son enfant ? Ah ces mères juives, alors ! Possessives, étouffantes, toujours à couver leurs marmots. Étonnez-vous, après, que ça devienne des femmelettes et des fourbes ensuite, en vieillissant. Qu'on les sépare à coups de crosse. Ça fera hésiter les autres. Mais attention – de crosse française, s'il vous plaît. En pin des Vosges, accrochée à la culasse d'un Lebel 1886 modifié 1932 – français. Je ne veux voir personne utiliser ne serait-ce qu'un cure-dents de fabrication allemande. Que les uhlans ne profitent pas après d'un détail de ce genre pour tirer la couverture à eux et s'arroger tout le mérite de l'opération ! Je les connais, vous comprenez. Des gens très corrects, très précis, très bien organisés mais, ces derniers temps, ils ont un peu la grosse tête – à les en croire, il n'y aurait qu'eux qui savent travailler.

Allez ! Secouez-vous ! Regardez-moi ces sous-hommes ! Ils restent là à m'écouter au lieu d'avancer. Vous n'avez jamais vu un haut fonctionnaire français ?! Allez, on se parque dans le stade, on reste en rang, on collab... – non, ça, c'est moi, on collabore – on coopère. C'est ça : on *coopère*. On facilite la tâche des policiers, s'il vous plaît – ils n'ont pas que vous à s'occuper. Ils ont aussi des coups de main à donner dans la chasse aux gaullistes et aux communistes. Mais où ai-je la tête ! C'est tout moi, ça. J'oublie à qui je parle. Je demande à des juifs d'agir de façon civique pour le bien de la France. Autant demander à un chat d'aboyer. Comme il est dit dans *Scapin*, n'est-ce pas, « de la conscience à un Turc » ! Tiens, au fait, quelle heure est-il ? Roh ! flûte ! j'ai oublié ma montre. Gendarme ! Oui, vous, là. Vous pouvez me donner l'h... – Non. Mieux que ça, tiens. Confisquez-moi donc une montre-bracelet. Une belle, de préférence. Écoutez, mon vieux, vous avez là une bonne dizaine de milliers de youpins, c'est bien le diable si vous ne réussissez pas à me trouver une montre qui marche ! C'est pas les bijoux qui doivent manquer dans tous ces balluchons, allez ! Faites voir ! Piaget – mouais, ça fera l'affaire. Oh bon sang, mais dites-moi, je ne suis pas en avance, moi ! Je déjeune avec ces messieurs de la Carlingue, chez Chalamon – les tripes à la mode de Caen y sont un vrai régal. Cette Gestapo française à beau n'être qu'un ramassis de voyous, ce n'est pas une raison pour m'abaisser au niveau de ces brutes en arrivant en retard ! Tiens, en m'asseyant, je leur dirai : j'ai failli oublier l'heure – j'étais au Vel' d'Hiv' pour voir, si j'ose dire, « comment les enfants se présentaient » – ha-ha-ha. Non. C'est un peu fin pour ces brutes. J'appellerai Laval tout à l'heure. Je la lui ferai au téléphone. Il saura apprécier, lui, ça le fera rire.

31

A trois jours près

Tiens-tiens-tiens, la nature est en fêteu-tiens-tiens-tiens, l'air s'emplit de refrains!

On est en juin – les plus beaux jours. Le soleil entre dans la maison. Et Gontran Leblaireau est de bonne humeur.

« Drelin! Drelin! »

Gontran Leblaireau décroche le téléphone.

« Allô?

– Monsieur Leblaireau?

– Oui?

– Monsieur Leblaireau, c'est votre éditeur.

– Monsieur l'éditeur! Ça par exemple! Quel bon vent vous amène? Laissez-moi vous prévenir, en tout cas : je n'ai pas changé d'avis. Non, je pense toujours qu'il serait inopportun de publier ce livre. Le procès est imminent. Dans trois jours, Bousquet est convoqué au parquet pour s'entendre signifier son inculpation. Non, vraiment, publier ce livre à présent n'aurait plus de sens – serait indécent, presque. »

Qu'on en juge : n'y a-t-il décidément pas là de quoi mettre Leblaireau de bonne humeur? René

Bousquet va finalement comparaître devant la justice des hommes. Et en prime, on est en juin, les plus beaux jours, le soleil brille. Les feuilles ont poussé. Les femmes sont en fleur. Paris est un jardin, le VIIe arrondissement un parterre où s'épanouissent des essences de toutes sortes. Les dames du quartier, par exemple, ces Verdurins que l'on sait, par ailleurs, capables des plus saugrenus pinaillages quant à l'immatriculation de leurs chars, profitent, par décret amnistiant signé dès l'élection du président Printemps, d'une trêve. Peu importe soudain jusqu'à quel point leur connerie et leur rage d'« élégance » seraient concomitantes, tant il s'avère plus goûteux et de saison d'induire, sous le bon chic affiché et le bon genre ostentatoire, les mêmes démons qu'en tout un chacun. Quelle joyeuse et inoffensive revanche de distinguer parmi ces belles « Parisiennes » en uniforme Marie-Laure – « qui aime les claques sul' cul quand on l'honore » –, Anne-Chantal – « qui ferme les yeux quand elle s'empale » –, ou bien encore Blandine – « qui pète un coup quand on la pine ».

A ceci près, toutefois, qu'assez vite, on s'en lasse. Les grands airs dont elles enveloppent tout ça, délicieusement pervers en hiver, deviennent salissants au printemps, ces quelques mois où il ne s'agit plus d'être vicieux, mais de tomber, fût-ce vingt secondes, fût-ce comme dans le poème d'Antoine Pol, amoureux.

Entiché en coup de vent de « toutes celles qu'on aime/ pendant quelques instants secrets », « bonheurs entrevus », « baisers qu'on n'osa pas prendre », pour le plaisir un jour de « pleurer les lèvres absentes/ de toutes les belles passantes/ que l'on n'a pas su retenir ».

A ce petit jeu et dans cet esprit, plus touchantes, plus inspirantes sont, en certains matins glorieux, les Margot et les Jeanneton, jolies petites fourmis en route vers leur industrieux destin. Oui, quand les paresseuses patriciennes ont fini d'amuser, plutôt, en allant se chercher nouvelles fraîches et croissants chauds, fendre la troupe des employées, secrétaires, hôtesses-téléphonistes des ministères et administrations alentour. Elles sautent des bus comme des cabris, surgissent du trottoir à chaque bouche de métro, montent comme à la parade, mises sur ce trente et un tout particulier, bon marché et perfectionniste à la fois, des dactylos en tenue de combat, vers leurs consoles et leurs claviers.

Elles marchent en pensant à ce qu'elles font, d'un pas où, soleil aidant, sentant comme ses rayons allument les couleurs encore vives de leurs « textiles délicats » neufs, la fière conscience de leur maquillage encore frais, de leurs cheveux encore laqués – victoires, dont elles savent seules le prix, sur l'offense des transports en communs –, une femelle assurance, en un mot, l'emporte encore, pour l'instant, sur ce qu'il en coûte d'aller bosser. C'est leur « moment », celui qui rend tolérable ce qui, chaque jour ouvrable, suit. Le patron est un porc, la chef est une vieille taupe. Mais là, quelques mètres, quelques minutes, elles sont belles, le savent et le savourent.

Comme on les imagine volontiers stars, têtes d'affiches, divas pâmées de films à deux personnages, ceux qui censément tiennent lieu de cinéma aux pauvres.

C'est ainsi que les débauches feutrées, toujours trop délibérées, d'héritières blasées ou aventureuses, font toujours pâle figure à côté de l'appétit de certaines gantières ou marchandes de violettes.

De plus, l'âge ne l'amoindrit pas et, chez l'une ou l'autre de ces dames qui inspirent le « madame », on sent toujours couver des incendies de forêt! Des lames de fond! Des ressources capables d'ébranler la « Société » en commençant par son fondement.

Si ces ventres s'éveillaient tous en même temps, le monde tremblerait autrement qu'avec la Chine, moi je vous le dis! Plus puissant que l'alcool et les drogues, légal – du moins entre adultes consentants dans l'intimité d'une propriété privée, le sexe des petites classes, comme la foi des charbonniers et les chansons des savetiers, reste ce que la finance ne comprendra jamais. La formule, par boutade, par pudeur, réduit cela à un « loisir faute de mieux » quand en fait c'est métaphysique – si! Pour les « pauvres », ce n'est pas du cinéma (distraction culturelle) ou du « cinéma » (une mascarade, un genre « libertin » qu'on se donne), c'est de l'existentialisme offensif, de l'exploration de la vie. De la jouissance de soi, faute d'usage des choses.

Sur ces bases, la coquetterie des vendeuses de boutiques chics peut transformer un antiquaire en boxon possible. On passe, on voit une femme à bouche peinte à travers la vitrine, on se croit à Hambourg. Ou, sans même parler des lingeries, ces commerces jadis parfois si joliment appelés « frivolités », où l'on vient de voir entrer une jolie cliente, notons juste comme dans la brève vision que le passant en a, parfumeries, salons de coiffure, magasins de chaussures ou de prêt-à-porter pour dames, peuvent ressembler à autant de gynécées magiques.

La récompense, ce sont bien sûr les « jetons » : les entrebâillements, les dévoilements fugaces, les marques, aussi. Telle ou telle sait-elle combien, sous le tissu, ses tétons pointent, percent, ou combien sa vulve semble aspirer l'étoffe d'un pantalon, faire appel d'air. Si elles l'ignorent, c'est de l'ingénuité violée malgré elle. Si elles le savent, c'est de l'effronterie. Selon les jours, Gontran Leblaireau préfère l'un ou l'autre.

Moyennant quoi, qu'on fasse les comptes : il y en a qui évoquent l'amour, le béguin. D'autres le cul. Mais quel défilé ! Un festival ! Une procession ! Une saga ! Paris, mon enfant, est un texte dont chaque mot est une femme. Si ! comme j' te l' dis ! Tout additionné, c'est *« the planet of women, oh yeah ! »*. Paris est un bordel géant, un harem en plein air, une foire aux esclaves blanches – sans pour autant, heureusement pour « elles », faire de chaque homme un sultan ou un dey.

Mythomane, Leblaireau ? Sans doute, mais il n'est pas le seul. Celles qu'il reluque en sont bien d'autres. C'est la façon dont elles adaptent des conseils de toilette et de séduction, leur façon d'adhérer à des mythologies ou d'alimenter leur propre mise en scène qui émeuvent, arrêtent, inspirent. Elles aussi, elles « écrivent le livre ».

Et on trouve tant à lire dans ce qu'ont parfois de dérisoire, d'indû, de prétentieux, justement, les histoires que ces tenues tentent de raconter, au monde et à elle-même ; boniment impitoyablement démenti par leur réalité corporelle, ou l'immanence de leur maintien. Certaines fringues de prix, sur certains corps, deviennent, bien loin de l' « élégance » recherchée, attendrissantes, pathétiques, et à la fin de la boucle, éventuellement sexy, même si ce n'est pas comme l'intéressée l'entendait.

On se verra aussi ému – ému aux larmes, même, si l'on est un Werther caché, Jean-Jacques rentré, à ses moments perdus – par les mille figurations de l'« âge ». Comme sont touchantes ces femmes sur lesquelles le soleil se couche chaque jour un peu plus tôt, que l'on croise égarées dans la garde-robe de leur fille. A l'inverse, comment ne pas fondre quand des gamines, pourtant pas complètement gâchées, des Lolitas encore capables d'insouciance, enfilent des parures au-dessus de leur âge, tentent de jouer les matrones, les madames mères.

Cette bêtise est tentante, en cela même qu'elle s'exprime par le biais d'une soumission aux codes du désir masculin. Les Blancs devraient se sentir remis en cause, accusés, honteux, quand un Africain tente de s'éclaircir la peau. Mais là, Leblaireau se trouve plutôt rassuré par cette « femellité » apparemment bien vécue, assumée, épanouie, librement consentie. Après tout, en ce début d'années 90, en France petite ou grande bourgeoise, une femme n'est plus tenue de se déguiser, se contraindre le corps ou se peinturlurer si le cœur ne lui en dit pas. Gontran Leblaireau en a la preuve vivante à la maison.

Non, se dit-il, on ne nous fera pas pleurer. Personne ne force ces dames. Tout ce que leur attirail raconte peut être pris pour argent comptant. On ne le leur fait pas dire; elles le formulent très bien toutes seules. Et tant que le monde sera monde, la représentation que donnent chaque jour les Parisiennes comptera parmi les victoires de l'humanité sur le néant. Dans *La Recherche*, encore, toujours, le Narrateur tourne ça bien – il dit : « La terre me paraissait plus agréable à habiter, la vie plus intéressante à parcourir depuis que je voyais que les rues de Paris (...) étaient fleuries de ces beautés inconnues que j'avais si souvent cherché à faire surgir (...) et dont chacune excitait un désir voluptueux qu'elle seule semblait capable d'assouvir. »

Ainsi, sortant de ces longs mois où il a remplacé « beautés inconnues » par « René et des gens qui ne sont pas pressés de le juger » pour obtenir « la terre me paraissait moins agréable à habiter, la vie moins intéressante », etc., c'est avec soulagement que Leblaireau restitue à la phrase sa félicité d'origine.

Dans trois jours, René Bousquet s'entendra confirmer son inculpation pour crime contre l'humanité. De quoi jouir du soleil sans mauvaise conscience, sans retenue. Profitons de l'existence. Paris est une fête !

« Profitons plutôt du printemps, vous ne croyez pas, mon bon monsieur l'éditeur ?

– Si fait, si fait, monsieur Leblaireau, mais je vous appelle, vous savez, à propos de l'événement.

– *L'Événement du Jeudi* ? Qu'ont-ils donc encore inventé, ceux-là ?

– Non, je parle de l'événement qui vient de se produire.

– Ah ? Mais encore ?

– Monsieur Leblaireau plaisante, je le vois bien.

– Mais pas le moins du monde, mon bon monsieur l'éditeur. Vous me faites languir. De quoi parlez-vous, à la fin ?

– Vous voulez dire – vous n'avez pas entendu, à la radio ?

– Non.

– Vous avez la télévision ?

– Oui – *(à part)* peste soit du libraire, avec tous ses mystères ! *(à l'éditeur)* Je possède un téléviseur, monsieur l'éditeur – où voulez-vous en venir ?

– Faites-moi plaisir. Branchez-le, sur la première chaîne. »

Quelques secondes plus tard, l'image se forme et Leblaireau voit un homme sec et grisonnant, vêtu d'un polo à rayures.

« J'ai vraiment eu l'impression que j'écrasais une bête nuisible. Comme un scorpion ou un serpent. Pas un être humain. Un robot satanique qui m'inspirait une telle haine, un tel mépris. »

Il n'est pas seul dans la petite pièce sans âme. D'autres hommes l'écoutent. Il doit s'agir de journalistes.

« Je lui ai dit que j'avais une assignation à comparaître devant le procureur de la République, que j'étais un agent du ministère de l'Intérieur et que je voulais avoir un entretien avec lui. Il a marché. Devant lui, j'ai sorti les faux documents, il a commencé à les lire, il a fait des commentaires. J'avais l'arme cachée dans ma serviette. Un moment, je l'ai sortie et j'ai tiré, trois fois, parce que je n'ai jamais vu un type d'une telle énergie avec un calibre 38 en face. Au torse, à l'abdomen. Trois fois. Inouïe, son énergie. Comme Raspoutine en face du prince Ioussoupov, qui a tiré sept balles pour le tuer. C'est fou. Le premier coup était à bout portant. Il a dit "salaud". Il a essayé de me mettre un coup de poing et je l'ai évité. Il venait encore sur moi. Quand on voit les films, boum boum et le mec s'écroule. Là, il continue. La dernière balle, je l'ai laissé approcher et j'ai tiré dans le front, ou la nuque, je ne sais plus bien. J'ai vu le sang qui giclait et il s'est écroulé. Il y a bien eu des tressaillements, mais je n'ai pas attendu. »

Il hoche la tête.

« J'ai alors ressenti un soulagement. »

Silence dans la pièce.

On voit tout à coup soudain surgir trois hommes armés. « Où est-il ? C'est lequel ? », crie l'un d'eux en pointant son revolver devant lui.

Lorsqu'on lui passe les menottes dans le dos,

l'homme ferme les yeux. Fin du document. Retour plateau. Visage de présentateur. Voix de présentateur. René Bousquet vient d'être assassiné – et pas par une réincarnation d'Anne Frank.

Leblaireau retourne au téléphone, une drôle et sourde idée commençant à prendre forme sous son crâne.

« Allô ? Monsieur l'éditeur ?

– Ah, monsieur Leblaireau. Vous avez vu ? Je suis désolé mais, bien évidemment, vous comprenez que dans ces conditions, le livre ne peut plus sortir. L'affaire est réglée. Le dossier classé. Cela n'intéressera plus personne. Comprenez bien dans quel esprit je dis cela. Mon métier, c'est d'abord de vendre des livres.

– Bien sûr. Et c'est parce que vous allez en vendre beaucoup que le livre va sortir.

– Vous n'y pensez pas! Comment pourrait-il encore int...

– Il suffit juste de changer la fin.

– Changer la fin ?

– Mais oui. Vous allez voir. »

Tiens-tiens-tiens, c'est le printemps qui vient.

32

« *Christian Didier 1 : La revue de presse !* »

Ainsi, le 8 juin 1993, coup de théâtre : pour reprendre la une lourde de multiples sens du quotidien *Libération*, « RENÉ BOUSQUET ÉCHAPPE » – et définitivement, cette fois – « A LA JUSTICE ».

« *Rarement une enquête aura été menée si rondement. Quelques heures à peine après avoir logé quatre balles dans le corps de sa victime, Christian Didier, le meurtrier présumé de René Bousquet, était arrêté dans un minable hôtel de l'Est parisien par des policiers du SRPJ 93. Conduit aussitôt dans les locaux de la Brigade criminelle, quai des Orfèvres, il y était formellement identifié par la concierge et le domestique de l'ancien secrétaire général de la police de Vichy.*

« *Tâche relativement aisée puisque le coupable s'était autodésigné : en fin de matinée, apparemment déjà décidé à se rendre, l'homme avait téléphoné à plusieurs journalistes, dont ceux de* Libération. *Il revendiquait rapidement l'assassinat de Bousquet et invitait ses interlocuteurs à le rejoindre à une station de métro sur la commune des Lilas. Vers 13 heures, plusieurs inspecteurs interrompaient en douceur son étrange confé-*

rence de presse. Pendant la petite heure qu'elle a duré, ce quinquagénaire né à Saint-Dié, dans les Vosges, a eu le temps de raconter dans le détail son expédition sanglante au domicile de René Bousquet, 150 mètres carrés au sixième étage d'un bel immeuble moderne du 34 de l'avenue Raphaël.

(...)

« Certains enquêteurs avouent (...) leur soulagement devant la rapidité avec laquelle [Christian Didier] est passé implicitement aux aveux. A moins que le personnage fantasque ne réserve des surprises, ce sont autant de pistes politiques, tordues ou délicates, qui étaient hier soir écartées. »

MICHEL HENRY
ALAIN LÉAUTHIER

Dans la traditionnelle liste des « réactions », on cherche en vain celle du Président ou de ses sbires « protecteurs de paix civile ».

Pudeur ? Discrétion ? Indifférence ? Mépris ? Toujours est-il qu'ils laissent ce soin à d'autres – lesquels disent tous la même chose :

Me Serge Klarsfeld : « L'assassinat de René Bousquet est un événement navrant qui interrompt le cours de la justice à quinze jours du réquisitoire définitif du parquet général », a déclaré le président des Fils et Filles de Juifs déportés de France.

Me Charles Libman : « Je suis personnellement complètement ahuri. René Bousquet aurait comparu dans un délai relativement court », a affirmé l'avocat qui représente l'association des Fils et Filles de Juifs déportés de France, partie civile.

Henri Amouroux, spécialiste de ces questions, fait, lui, une remarque qui, déformée, sortie de son contexte et « sur »-interprétée avec malice, pourrait aller dans le sens des extravagances que Leblaireau laisse germer dans son cerveau paranoïaque : « Un crime ne rend pas la justice. Bousquet, ce n'est pas la dernière roue de la charrette : sous l'Occupation, il savait certaines choses. »

Dans ses commentaires, le reste de la presse s'exprime aussi à demi-mot. Mais pour qui sait lire, ce qu'elle essaye de dire ne fait pas de doute – ainsi *Le Monde* daté du 10 juin :

L'ENSEVELISSEMENT JUDICIAIRE
DU RÉGIME DE VICHY
par LAURENT GREILSAMER

« C'est une panade judiciaire de quelque quinze ans qui s'achève. Une longue suite de réticences et de repentirs qui reflètent assez cruellement quelle fut l'incapacité de la justice française, et plus encore de notre société, de juger René Bousquet et sa politique antijuive tant qu'il en était encore temps. Le paradoxe est cependant de taille : René Bousquet a succombé sous les balles d'un mystique déclaré alors que la justice, si lente tout au long des années 80, s'apprêtait finalement, peut-être, à affronter un procès encore inimaginable il y a peu. »

La personnalité du coupable, quant à elle, consterne un peu tout le monde – ou, pour le moins, laisse perplexe. L'un des portraits les plus mesurés paraît dans *Le Quotidien de Paris*.

L'ASSASSIN AVAIT DÉJÀ VOULU TUER KLAUS BARBIE

« Christian Didier, 49 ans, qui a assassiné René Bousquet au nom d'une croisade du " bien contre le mal ", était un marginal qui avait déjà tenté de tuer Klaus Barbie en 1987. Il était aussi l'auteur de nombreux

coups médiatiques destinés à assurer la promotion de ses romans publiés à compte d'auteur... (...)

« Christian Didier avait un passé chargé d'esbroufes et de petits délires et (lors du procès qui suivit sa tentative d'assassinat de Barbie) les magistrats avaient surtout écouté le psychiatre : " L'expertise révèle une psychose de caractère narcissique. " Traduction : Christian Didier est un peu fou, mais pas au point d'être considéré comme irresponsable. D'ailleurs, le psychiatre est formel : " Christian Didier garde le sens de l'humour... " Effectivement, la vie de Christian Didier est émaillée d'épisodes mi-humoristiques, mi-pitoyables mais réalisés pourtant parfois avec un certain panache. Son but avoué est de faire connaître ses œuvres, et notamment son roman La Ballade d'Early Bird, *en s'enchaînant aux grilles du Fouquet's, ou en faisant irruption dans des émissions télévisées de Philippe Bouvard, Michel Polac ou même la Nuit des césars, affrontant donc ainsi deux fois de suite Alice Sapritch... (...) L'écrivain maudit et décidément incompris avait donc été libéré mais condamné à une " obligation de soins ". Il faut croire que celle-ci n'a pas été respectée ou que ceux-ci n'ont pas été efficaces. »*

Devant un tel coupable, on comprend qu'un peu plus bas, un encadré prenne la peine de demander : A QUI PROFITE LE CRIME ?

« Il n'y aura pas de procès Bousquet, et de ce fait, quels que soient les mérites de tous les chercheurs qui travaillent sur cette période de la vie de la France, il manquera toujours quelque chose à l'Histoire de ce pays. (...) Faire ce constat, c'est répondre à la question " à qui profite le crime ? ". Bien évidemment, pas aux victimes de Vichy mais à la quasi-totalité de la classe

dirigeante de ce pays qui – élus, hauts fonctionnaires, magistrats et chefs d'entreprise réunis – a remis, en 1940, le pouvoir à Philippe Pétain avant de continuer comme si de rien n'était ses petites et grandes affaires, ses petites et grandes carrières, sous l'Occupation comme après, et jusqu'à aujourd'hui. Toute cette éternelle nomenklatura aurait évidemment été bien fâchée de voir évoquer aux assises ses petites lâchetés et ses grandes trahisons.

« Une bonne fois pour toutes, le général de Gaulle avait décidé d'ignorer ces gens, de les utiliser lorsqu'il y voyait l'intérêt de la France et, pour le reste, de les mépriser. Mais les Français ordinaires n'auraient pas été fâchés de pouvoir enfin, grâce au procès Bousquet, exorciser une partie de leur Histoire contemporaine qu'ils vivent encore comme particulièrement trouble. Les balles d'un pauvre fou les en auront empêchés, mais il est vrai que celui-ci aura vu sa besogne particulièrement facilitée par l'action de ceux qui, au sommet de l'État, ont tout fait, depuis quatre ans, pour qu'au nom de la " paix civile " le procès Bousquet n'ait jamais lieu. »

ROBERT TOUBON

Cette question (à qui profite le crime), il serait spécieux de faire comme si cet article paru dans *Le Monde* y répondait ; disons plutôt qu'il lui fait opportunément écho :

« UNE VIE QUI DÉRANGE

« La mort de René Bousquet libérera-t-elle l'histoire ? Pourra-t-on enfin aborder sereinement la véritable énigme de cette vie : la renaissance de Bousquet après

guerre, ses appuis et ses solidarités, ses réseaux et ses amitiés.

(...)

« Or c'est là, après 1944, que se niche ce qui dérange. Si René Bousquet a pu si facilement et si longtemps faire oublier sa complicité active avec l'occupant et sa participation au crime contre l'humanité, c'est parce que son itinéraire incarne la vérité cachée des années noires françaises.

(...)

*« En 1958, lors des élections législatives de novembre, Bousquet sort de l'ombre en se présentant dans la troisième circonscription de la Marne. Il est vrai qu'en février 1957, il a obtenu du Conseil d'État l'annulation du décret l'excluant de la Légion d'honneur... (...) Il échoue malgré le soutien local (dont fait foi un rapport des renseignements généraux) d'un petit parti charnière de l'après-guerre, l'*UDSR*, dont François Mitterrand était l'un des dirigeants nationaux.*

(...)

« En 1965, La Dépêche du Midi *dont il surveille de près la gestion et les finances soutient activement la candidature de François Mitterrand à l'élection présidentielle.*

« Les relations entre les deux hommes, l'actuel Président de la République et l'ancien chef de la police de Vichy, seront sans doute éclaircies un jour par les historiens. Il le faudra bien, tant elles recouvrent les contradictions de ce monde politique de l'après-guerre qui refusait la bipolarisation entre gaullistes et communistes. Ce qui est certain, c'est que François Mitterrand et René Bousquet se sont fréquentés après la guerre jusqu'au début des années 80. Sans être démenti, un journaliste, Stéphane Denis, qui eut ses entrées à l'Élysées, a fait état publiquement de ce que confient parfois

certains proches du Président : une rencontre après 1981 après laquelle M. Mitterrand aurait confié à l'un de ses collaborateurs étonné de cette relation persistante : " Ne vous inquiétez pas, c'est un ami : il a rendu des services. "

« Quand d'autres proches l'interrogent, lui, l'ancien résistant indiscutable, sur ces amitiés politiquement contre nature, le Président aime répondre ceci : " Vous croyez que la vie, c'est noir et blanc ? Non, c'est gris clair et gris foncé... " »

EDWY PLENEL

Quand quelqu'un s'exprime aussi clairement, aussi efficacement, on a honte de chipoter tel ou tel terme. Notons donc juste que « résistant indiscutable » formule les choses un peu vite. Cette Résistance, il se trouve des experts pour, sinon la contester, du moins la nuancer, la *dater*. Mais, la présenter ainsi, c'est aussi se protéger, « acheter » le droit de citer ensuite – et c'est visiblement ce qui pour l'heure importe au signataire – cette apologie du flou, étrange pour un contemporain d'une époque où certains uniformes étaient indiscutablement plus sombres que d'autres : « Dans la vie tout n'est pas blanc ou noir. Gris clair et gris foncé. » On a envie d'ajouter : comme les rayures des pyjamas. Mais ce serait bien sûr de mauvais goût.

Reste qu'entre ceux qui notent, incidemment, le soulagement du parquet, ou constatent : « Jamais une enquête n'aura été réglée si vite », ceux qui demandent « à qui profite le crime », commis contre « la vie qui dérangeait » de cet homme « qui savait des choses », Gontran Leblaireau lit qu'il n'est pas seul à ne pas accepter que tout finisse comme ça, pas seul à se raccrocher à un dernier soupçon « de rattrapage », grâce auquel tout ne serait pas aussi lamentablement réglé, l'affaire aussi piteusement classée.

Or, ce que des journalistes ne peuvent pas imprimer tout haut, un romancier de gare peut en revanche l'insinuer au ras du caniveau de la chose imprimée. Prêcher le faux pour faire triompher, en dernière instance, la Vérité Globale.

Le « plus grand vrai » – *the larger truth, Ruth!*

33

Syllogisme m'était conté

« Eh ben tu vois, dit le Corse.

– Eh ben je vois quoi ? » rétorque Leblaireau non sans quelque humeur.

Leblaireau est agacé. Leblaireau est effondré. Pour de bonnes raisons, comme tout le monde. Et puis pour de mauvaises, dont il a un peu honte. Si Leblaireau s'était trouvé la décence de ne pas publier – héroïsme qui l'étonnait et le faisait s'aimer – un livre qui se concluait par l'assassinat de Bousquet, ce n'était pas pour qu'un va-nu-pieds à moitié fou vienne, d'une certaine façon, lui « piquer son idée » et foutre tout en l'air à trois semaines du procès ! Lui piquer son idée et la gâcher, surtout ! On ne va quand même pas comparer ce zozo en polo à rayures et la martyre ressuscitée qu'avait rêvée Leblaireau.

Là, en court-circuitant l'argument de ce livre qu'il avait cru uniquement inspiré par une pieuse et noble indignation, le con le force a découvrir, mêlé à sa frustration de citoyen, ce qu'il subsistait d'un peu moins « pieux et noble », justement, dans sa démarche : sa vanité d'auteur. Sa bonne conscience de « provocateur pour la bonne cause ». René aura décidément fait chier les honnêtes gens jusqu'au bout.

C'est rageant. Cette mort est trop commode, trop bête. Elle arrange trop de monde. Le pire, peut-être, c'est de se dire qu'au fond, si on s'en tient aux faits connus et avant de se laisser aller à l'affabulation, de se dire, donc, que ce Christian Didier n'est dans son genre pas si différent de Leblaireau lui-même.

N'est-ce pas odieux de se trouver quoi que ce soit de commun avec cette buse – qui, en prime, se pique de littérature et va sans doute nous la jouer « écrire ne me suffisait plus, il fallait que je passe aux actes ». Si des dégoûts rimbaldiens te viennent pour d'« abolis bibelots d'inanité lisible », barre-toi en Abyssinie, mon pote ! Le climat te fera du bien.

N'empêche. Comme Leblaireau, après tout, il s'agit au fond d'une conscience révulsée par l'impunité dont jouissait René, par la lenteur de la justice à son propos. Après, bien sûr, il s'avère que son geste est contre-productif, un remède que le calendrier rend pire que le mal. Mais pour comprendre ça, encore faut-il pouvoir analyser. Or, ça, le gars semble avoir du mal.

Ça, ce sont les faits connus. Ça, c'est la « vérité ».

Reste que « vraie » ou pas, la bêtise de son geste est inacceptable. Trop frustrante. Une frustration qui ne peut se résorber ou s'apaiser qu'en faisant rebondir la paranoïa, en flairant, comme des « chiens », sous ce geste imbécile, une machination très bien goupillée, au contraire.

Oui, parce que après tout, ce coupable est « trop parfait ». On n'aurait pu rêver mieux. Un hurluberlu, animé de bonnes intentions connes. Un agité bien connu des services spécialisés. Tellement connu d'ailleurs, et si adéquat en l'occurrence, que c'est à se demander si lesdits services, et leur patron, à qui profite objectivement le crime, n'ont pas été subitement « inspirés » par cette agitation-là.

Redisons-le, rien, sinon sa frustration et les traces laissées dans son imagination par des intrigues de cinéma, ne permet d'étayer la thèse à laquelle Leblaireau se raccroche. Ce n'est même pas comme si on retrouvait Christian Didier, comme on dit, n'est-ce pas, « pendu dans sa cellule » avant son procès. Ou assassiné, au lendemain de son arrestation, par un providentiel Jack Ruby. Là, rien, sinon l'envie de voir, à défaut de Bousquet, ses protecteurs accusés et démasqués, ne vient alimenter cette élucubration.

Certes, les avocats du type bataillent pour que leur client soit déclaré sain d'esprit et qu'on n'esquive pas le procès : ça sent donc un peu le pâté. Mais sans fonder pour l'instant la moindre théorie de complot.

En revanche, au-delà des faits, il y a *the larger truth*, la fameuse « Vérité Globale », dont Leblaireau, à présent que cela l'arrange, commence à envisager les beautés d'un autre œil. On est très injuste avec les sophismes – ils ont leurs charmes, parfois. Si ! La vérité globale, Chantal ! Elle aussi a ses exigences. Suis-moi bien : la « petite » vérité, la vérité « particulière », « objectale », c'est que le procès de René n'a pas eu lieu parce qu'il a été assassiné quelques semaines avant par un azimuté. Et rien de probant n'autorise à seulement *soupçonner* que l'assassin n'ait pas agi de son propre chef.

La Vérité Globale, pour sa part, envisage la question tout différemment : si le procès de René avait eu lieu quand Klarsfeld a déposé sa plainte, si on n'avait pas tant « protégé la paix civile », Christian Didier n'aurait pas eu le temps de perdre patience, et aurait choisi quelqu'un d'autre à abattre au moment de « servir l'humanité » – tu mords l'esprit ?

Donc, quand bien même dans la petite vérité, la vérité objectale, personne n'a, jusqu'à preuve du contraire, donné de consigne à Christian Didier, dans la *larger truth*, en revanche, quelqu'un a tout fait pour créer une situation, un contexte, des conditions propices à l'apparition d'un Christian Didier excédé.

Donc, dans la *larger truth*, se dit Leblaireau, Christian Didier n'agit plus seul. Il est conditionné. Et c'est au conditionneur qu'il faut remonter, à présent.

Ainsi, puisque Christian Didier voulait servir, jouer les Charlotte Corday, eh bien qu'il ne s'arrête pas en si bon chemin. Lui qui voulait se faire connaître, il va devenir un personnage de fiction. De « politique-fiction ». D'« historique fiction ». Un peu comme Richelieu dans *Les Trois Mousquetaires*, à ceci près que l'auteur n'aura cette fois pas le même talent et qu'il n'attendra pas deux siècles.

Ah, les puissants ne réagissent pas quand René échappe à la justice. Eh ben ils vont réagir, là. Faire des procès. Faire interdire l'ouvrage. Parce qu'il y aura tout dedans pour les y inciter !

La conversation va reprendre, motherfuckers. The larger truth !

« Eh bien, tu vois, reprend le Corse. Ton livre était prémonitoire. Dommage que tu ne l'aies pas sorti plus tôt.

– Mais ça n'a rien à voir, là. C'est pas comme dans mon livre, l'ange exterminateur. C'est tout le contraire.

– Comment ça ?

– Ben tu ne vois pas, là ? Ces gros malins, ils nous refont le coup de Lee Harvey Oswald. »

34

Nouvelle fin

La pluie qui tombait avec acharnement ne faisait rien pour embellir cette petite rue de la commune des Lilas, proche banlieue du nord-est de Paris. Mais le plus radieux des soleils n'aurait pas suffi à égayer l'anonyme façade de l'hôtel Paul de Kock, celui où Christian Didier, l'assassin de René Bousquet, avait quelques mois plus tôt tenu sa conférence de presse improvisée. Ce jour-là, à nouveau, c'étaient des journalistes qui en franchissaient le seuil.

En arrivant pile à l'heure indiquée sur l'énigmatique convocation que chacun d'eux avait reçue, Annette Lévy-Willard, Stéphane Denis, Éric Conan et Laurent Greilsamer s'étaient d'abord étonnés de se retrouver tous les quatre dans le minuscule hall de l'établissement. Puis, conformément aux instructions qui leur avaient été données, ils avaient pris le chemin de la chambre 20, située au second étage, tout au fond de l'étroit couloir. Ils étaient entrés dans une pièce exiguë, simple et triste, uniquement occupée par deux lits minuscules, un lavabo, une penderie vide, une table. Une jeune femme brune et bronzée, très élégamment vêtue et couverte de bijoux, les y attendait. Elle désigna les lits jumeaux. Les journalistes s'assirent en silence. La jeune femme resta debout.

« Mon nom importe peu, leur dit-elle d'une voix où traînait un infinitésimal accent étranger. Seules comptent les informations que je vais vous livrer. »

Les représentants masculins du « quatrième pouvoir » avaient du mal à ne pas laisser leurs yeux s'attarder sur la poitrine de la mystérieuse inconnue. Sous la soie du chemisier et la veste d'un tailleur que la journaliste de Libération soupçonnait d'être signé Saint Laurent, on devinait un continent qui attendait impatiemment d'être découvert. Bernstein et Woodward, les deux enquêteurs du Washington Post à l'origine de l'affaire du Watergate, avaient peut-être reçu le prix Pulitzer, mais la fameuse « Gorge profonde » qui les avait alimentés en informations méritait sans doute moins son nom de code que celle-ci. Les trois hommes, pour leur part, se sentaient prêts à renoncer, sur-le-champ et par écrit, à toute chance d'obtenir jamais le prix Albert Londres, en échange d'une interview approfondie de la jeune femme. Ignorant leurs regards en coin, celle-ci poursuivit.

« Je vous ai réunis car j'ai pensé que vous seriez tout particulièrement intéressés par le contenu de ces enveloppes. Vous ne les ouvrirez qu'après mon départ. »

Quatre enveloppes brunes, assez grandes pour contenir des feuilles de format A4, étaient effectivement disposées sur la petite table. Chacune était barrée du nom d'un des journalistes présents.

« Voici des documents qui vous en diront plus sur ce Christian Didier et la façon dont, pour reprendre la une de l'un de vos journaux, René Bousquet a, in extremis, *“ échappé à la justice ”* de son pays. Vous les lirez. Vous pourrez ensuite tirer vos conclusions et informer vos lecteurs en conséquence. »

Un ange passa, les ailes chargées d'invitations à la garden-party annuelle dans les jardins du palais de l'Élysée, libellées aux noms des directeurs de plusieurs grands journaux.

Les journalistes échangèrent des regards furtifs. Tout cela restait très mystérieux. Par réflexe professionnel, ils commencèrent à questionner la mystérieuse inconnue.

« Et vous ? Qui êtes-vous ? Pourquoi faites-vous cela ? »

« D'où tenez-vous les documents dont vous parlez ? »

Les questions se mirent alors à fuser à la cadence de rockettes débitées par un orgue de Staline. Ils n'étaient que quatre à les poser, mais ils parvinrent vite à produire un brouhaha où un boursicoteur n'aurait plus retrouvé ses cotes.

La jeune femme brune y coupa court en se levant et en se dirigeant vers la porte. L'un des trois hommes présents esquissa un geste, mais se rassit aussitôt. Comme par magie, un petit revolver nickelé s'était matérialisé dans la main droite de l'énigmatique informatrice.

« Il n'est chargé qu'avec des projectiles paralysants. Ils ne laissent ensuite aucune séquelle, mais sur le coup, c'est malgré tout assez pénible. A votre place, je m'épargnerais ce désagrément inutile. »

Personne ne bougea plus.

« Je vais vous enfermer à clé. Dans cinq minutes, j'appellerai le gardien pour qu'il vienne vous ouvrir. Au revoir. Merci et bravo pour ce que vous avez fait. Et plus encore, merci et bravo pour ce que vous allez faire. »

Elle sortit à reculons, claqua la porte et les journalistes entendirent la clé tourner dans la serrure.

Prestement, la jeune femme remonta le couloir, descendit les deux étages et, sans un regard pour le réceptionniste lorsqu'elle passa devant lui, sortit de l'hôtel. Il pleuvait toujours, mais son chauffeur l'attendait, un parapluie dans une main, la poignée de la porte arrière d'une lourde conduite intérieure noire immatriculée à Monaco dans l'autre. La jeune femme put ainsi se faufiler sur la banquette en cuir sans essuyer une seule goutte. Le chauffeur en livrée se glissa alors derrière son volant et démarra.

Lorsqu'ils furent sur le périphérique, le chauffeur tendit sans se retourner le combiné du téléphone à sa passagère. Celle-ci composa le numéro de l'hôtel qu'elle venait de quitter. Après une demi-douzaine de sonneries, quelqu'un décrocha. Elle indiqua que plusieurs personnes étaient enfermées dans la chambre 20 et appuya sur une touche qui mit fin à la communication. Le chauffeur repassa sa main gantée de blanc par-dessus son épaule et la jeune femme lui rendit l'appareil. Alors seulement s'accorda-t-elle un soupir.

Sa tâche n'était pas terminée. Une autre mission l'attendait. Le temps pressait. Il restait encore quelques René Bousquet.

« Where to, *madame ?* » *demanda le chauffeur.*

La jeune femme colla son visage contre la vitre. La pluie aggravait encore le cas de la porte de Pantin.

« Drive, *dit-elle.* Please, just drive, George. »

35

Un ouvrage controversé

Anne Frank 2 : le retour!, le roman policier affabulateur et diffamatoire de Gontran Leblaireau parut chez un éditeur respectable et redouté dans le Landerneau littéraire.

En dépit – donc, bien sûr, à cause – de cette « caution », les bien-pensants se déchaînèrent.

Le titre d'abord provoqua un « légitime émoi », même s'il paraît intéressant de signaler que les protestations les plus outrées ne furent pas formulées par des représentants crédibles ou autorisés de la communauté juive.

Soit le livre les ayant blessés, ils résolurent de l'ignorer avec mépris, soit l'ayant lu, ils n'y avaient rien trouvé de proprement scandaleux. Toujours est-il que le tollé souffla d'ailleurs.

Mais pour le coup, on tempêta, on s'effara avec une vigueur ostentatoire.

Comment ce paltoquet parlait d'une sainte! Comment il la ressuscitait avec un corps en état de marche. Blasphème! Profanation impie!

« Un scandale! Un sacrilège qui n'est pas sans rappeler Carpentras. »

« Voilà, pour le coup, un texte d'une vilenie à relents " sataniques ". Et n'étaient des principes qu'un si répugnant personnage ne mérite pas que l'on transgresse pour lui, on ne pourrait pas en vouloir au Mossad... »

On fit aussi remarquer que les insinuations de Leblaireau n'élevaient pas le débat politique et poussaient même certaines limites *a priori* sacrées jusqu'à un point de rupture.

« Ses élucubrations calomnieuses nous ramènent entre deux guerres, aux pamphlets anti-Salengro! il ne s'agit pas de remettre en cause la liberté d'expression, mais a-t-on le droit de faire un aussi scabreux et invraisemblable procès d'intention au chef de l'État? »

Alors il se produisit quelque chose d'incroyable.

Promu par tout ce tohu-bohu, le livre trouva quelques lecteurs.

Dans son roman, à des fins allégoriques et marchandes, Leblaireau avait poussé jusqu'à l'absurde les diverses possibilités ouvertes par l'amitié entre un Président de la République et le responsable d'un crime contre l'humanité. Il laissait entendre – sans bien sûr s'aventurer à expliquer exactement comment (il n'en avait pas la moindre idée) – que, peut-être bien, même, à son insu, Christian Didier avait été téléguidé, manipulé, par des gens dont le procès de René Bousquet n'aurait pas arrangé les affaires. Des gens.

Leblaireau ne se risquait pas à donner de nom.

Cette licence, cette extrapolation, le bon peuple de France la prit au pied de la lettre. Il y trouva matière à brusquement s'indigner et, dans un sursaut inattendu, se mit à manifester, pétitionner, exiger qu'on enquête sérieusement sur les protections dont avait bénéficié René.

On ne trouva rien. On ne prouva rien.

Mais de même que pour l'opinion un inculpé est coupable, la populace se persuada que le Président avait quelque chose à se reprocher.

Les rues se firent noires d'une foule outrée, et morale, soudain.

Ainsi, le chef de l'État dut démissionner.

Leblaireau fit fortune.

Épilogue

« Je vais mourir, monsieur Leblaireau », me dit le Président.

Et alors ! T'as vu ton âge ? Tu veux pas qu'on chiale, quand même ? Parce que toi, mon pote, c'est rien de dire que t'auras vécu vieux, par rapport à d'autres. Je dirai même, t'auras profité de l'existence. Alors bon, tu vas la glisser, qu'est-ce que tu veux que je te dise ? Paix à ton âme. Juste, si saint Pierre existe, tu vas avoir intérêt à être un peu meilleur qu'à la télé, si tu veux qu'il t'entrebâille sa lourde. Là, va falloir être éloquent, Paulo, avec ton dossier !

On reste un peu, comme ça, en silence. Silence au bout duquel je décide qu'on a fait le tour.

« Bon – z'allez p'têt' mourir, mais en attendant, moi, j' vais m' barrer. »

Il fixe va savoir quoi dans le vide, devant lui, sans me regarder, sans me voir, sans répondre. Par acquit de conscience, je lâche :

« On s'est tout dit, non ? »

Toujours pas de réponse. Je me lève. Pas de poignée de main, tu penses bien. Pas de « merci d'être venu ». Pas de regard. Je vais pour dire, par réflexe, « portez-vous bien », mais ça sort autrement.

« Eh ben, mourez bien, alors », je dis.

Bizarrement, je sens une sorte de soulagement en me

retrouvant sur la nationale – comme un évadé qui vient de passer une frontière.

Non, mon pote. Ils n'ont pas saboté ta voiture pendant que tu bavassais avec la momie de Palerme. La rendre vite au loueur, quand même, on ne sait jamais. A force d'écrire des polars, on devient zinzin.

Il va sur les trois heures de l'après-midi. Comme le vieux jeton m'a rien offert, pas même deux doigts de porto ou un reste de gâteau de riz, pour rester dans les comestibles de son âge, je m'arrête dans une petite auberge de bord de route, histoire de me requinquer. Les feux sont éteints, bien sûr, mais un brave homme de taulier moustachu consent en revanche à me faire servir pain, foie gras et pécharman.

La serveuse qui vient poser le tout sur une nappe à carreaux rouge et noir est accorte, dans son genre couleur locale et trop maquillée. Copieusement bobée, bien fessue. Avec le joli nœud de la ceinture de son tablier blanc placé sur la jupe noire juste en haut de la raie, comme le ruban sur un paquet cadeau, ça lui fait ressembler le gagne-pain à un truc que t'as commandé pour Noël. M'est avis que le patron doit pas toujours attendre le matin du 25 décembre pour défaire l'emballage.

Le foie gras est excellent. Le pécharman aussi. Voilà bien le genre d'établissement sans prétentions qui réconcilie avec l'existence en général et nos belles provinces françaises en particulier.

C'est agréable, parfois, un restaurant vide, comme ça, en milieu de journée. Des gus vont et viennent au bar, qui pour un demi, qui pour un noir, mais je suis le seul client attablé à l'exception, seul lui aussi à une table près de la porte, d'un petit vieux propret qui fait durer un pichet de rouge tout en gribouillant un journal déplié devant lui. Un habitué, visiblement, puisqu'il s'interrompt parfois pour demander à la cantonade, « affluent du Rhône, en six lettres », « vieille coque de noix, quatre lettres », puis rebaisse les yeux sur son journal, sans attendre la réponse.

Le patron farfouille derrière son comptoir. Le soubrette dresse déjà les tables libres pour le dîner.

« Ex-Mésopotamie, quatre lettres, commence par un i », fait le vieux.

Personne lui souffle « Irak ». Pas même ma pomme. C'est le genre à ne plus me lâcher, si je lui ménage une ouverture. Je suis pas d'humeur, là.

J'ai manqué d'à-propos, avec le Président. Ce livre qui a foutu la merde et a mis mon nom idiot dans le journal, j'aurais préféré ne jamais avoir eu envie de l'écrire, que chacun des éléments qui le constituent ne me vienne jamais à l'esprit. Je veux dire, si l'autre enfoiré n'avait jamais existé, ou s'il n'avait fait rafler personne, ou encore s'il avait été correctement jugé la première fois, ou même diligemment la seconde – si, par exemple, nos intellectuels, ayant lu les journaux pour lesquels ils travaillent, avaient constitué une liste « L'Europe commence au 34 avenue Raphaël » –, jamais il ne serait venu me turlupiner, ce sale con.

J'aurais rien écrit.

Ou j'aurais écrit autre chose – je sais pas, n'importe quoi, un bouquin de cul, comme d'habitude. Mais dans les deux cas, j'aurais préféré, crois-moi. Je veux dire, j'aurais préféré ne pas me sentir obligé de m'y coller, uniquement dans l'espoir qu'une fois fini, l'avoir craché me permette de ne plus systématiquement imaginer l'un ou l'autre de mes mômes « dans le train » – disons, en moyenne une fois sur trois – quand ils venaient me faire un câlin.

Je veux dire – et je suis con, vraiment, c'est ça que j'aurais dû lui dire, au Président : je ne suis pas « polémiste », je ne suis pas « pamphlétaire », je ne fais pas de politique, normalement, je n'écris pas ce genre de truc, vous comprenez. En règle générale, ces choses-là me dépassent, je le sais, je les laisse à d'autres et j'essaye de rester tranquille dans mon coin. De bien boire, de bien manger, de me faire sucer aussi souvent que possible, de gagner un peu de sous. Comme disait Dylan, lâchez-moi la grappe, *I'm just a guitar player.*

J'aurais dû lui dire que ce n'était pas un complot, une manœuvre politique. Que jamais je n'aurais écrit le moindre mot sur lui, contre lui, s'il n'y avait pas eu tout ce mic-mac à propos de son pote Bousquet. J'aurais dû lui dire que d'une certaine façon, c'est lui qui avait commencé – que moi, je n'avais fait que me défendre. Défendre mon plaisir de rentrer en France, défendre mon confort intellectuel de citoyen et père de famille français. Maintenant, le lui avoir dit ou pas, au point où on en est l'un et l'autre, ne change plus grand-chose.

« Hey, Jean-Paul, demande le petit vieux propret au patron. Toi qui votes Le Pen, tu vas savoir me dire ça : " définit bien le caractère français en huit lettres ". »

Le Jean-Paul n'apprécie pas de voir ses envies de « Révolution Nationale » claironnées à tout va. Surtout qu'à l'en croire, le petit vieux exagère :

« Où t'as vu jouer que je votais pour Le Pen ?! Juste, je dis, il y a parfois du vrai dans c' qu'y dit ! Nuance. Tu charries, dire ça devant les clients. »

Je pique du nez dans mon assiette vide, comme si j'avais rien entendu. Le petit vieux enclenche la marche arrière :

« Allez, je te fais marcher. Te fâche pas. »

Mais ça patine. L'est enlisé dans la boue de ses insinuations, papy. Le taulier veut laver son honneur, qu'il étincelle autant que le godet à pinard qu'il est en train d'essuyer avec son torchon.

« Tu me fais marcher avec ce que tu veux, mais raconte pas des choses comme ça dans le restaurant. Moi, ici, je fais la cuisine et le débit de boissons. Pas de politique.

– Allez. C'était pour rigoler. Je m'excuse, on en parle plus. Aide-moi quand même à trouver mon mot : " définit bien le caractère français ". Huit lettres.

– Qu'est-ce t'as comme lettres, demande le patron, légèrement radouci.

– Faut que ça commence par un *c* et c'est *e* à la fin. Au milieu j'ai un *l*.

– Un *c*, un *l* – mince, tu me poses une colle, là, avec tes conneries.

– Si je peux me permettre, c'est " complexe ", je dis au cruciverbiste.

– Oh ! pas toujours. Ça dépend des fois, vous savez. Il y en a, je trouve tout de suite. »

Comme quoi, aussi sûrement que l'orthographe est la science des ânes, les mots croisés sont bien un jeu de cons ! Magnanime, je lui explique :

« Oui, non mais, c'est pas ce que je dis. Là, je dis : le mot que vous cherchez, c'est " complexe ".

– Ah pardon, je croyais que vous vouliez dire... Voyez ?... Que c'était compliqué à trouver.

– J'entends bien – c'est pour ça, là, je vous dis, c'est le mot que vous cherchez : " complexe ".

– " Complexe " – 'tendez voir. Com... ple... xeu. Hé, mais ça marche, il exulte. Ben alors, dis donc, c'est tiré par les cheveux, celle-là. " Définit bien le caractère français ", j'aurais jamais pensé à " complexe ". Merci monsieur.

– De rien, j'y dis. Je sais pas pourquoi. C'est le premier mot qui m'est venu à l'esprit. »

Cet ouvrage a été réalisé par la
SOCIÉTÉ NOUVELLE FIRMIN-DIDOT
Mesnil-sur-l'Estrée
pour le compte des Éditions Grasset
en août 1994

Imprimé en France
Dépôt légal : août 1994
N° d'édition : 9502 – N° d'impression : 27440
ISBN : 2-246-49781-7